生活因阅读而精彩

生活因阅读而精彩

中国红利

解读经济大趋势与投资大方向

黄钟苏◎著

时事出版社

图书在版编目(CIP)数据

中国红利:解读经济大趋势与投资大方向 / 黄钟苏著.
—北京:时事出版社,2013.9

ISBN 978-7-80232-637-8

Ⅰ.①中… Ⅱ.①黄… Ⅲ.①证券投资-投资分析-
研究-中国 Ⅳ.①F832.51

中国版本图书馆 CIP 数据核字(2013)第190447号

出 版 发 行:时事出版社
地　　址:北京市海淀区巨山村 375 号
邮　　编:100093
发 行 热 线:(010)82546061　82546062
读者服务部:(010)61157595
传　　真:(010)82546050
电 子 邮 箱:shishichubanshe@sina.com
网　　址:www.shishishe.com
印　　刷:固安保利达印务有限公司

开本:787×1092　1/16　印张:17　字数:218 千字
2013 年 9 月第 1 版　2013 年 9 月第 1 次印刷
定价:29.80 元
(如有印装质量问题,请与本社发行部联系调换)

序

这是一本关于中国未来的书，也是一本关于证券投资的书。

无论是现在还是将来的人们，当他们回顾历史的时候，他们都会对改革开放以后的中国发展印象深刻。这是一场由计划经济体制向市场经济体制过渡的改革，但引发经济社会各方面的变化，却不亚于一场改朝换代的巨大革命。这是一扇面向世界次第开启的国门，但引来的风雨惊雷，却不亚于晨钟暮鼓里紫禁城门洞开带来的历史巨变。

无论是否堪称奇迹，中国经济增长都足以让人惊叹。作为全球第一人口大国，中国经济以年均9.9%的速度增长33年（1979–2011年），不论在速度还是时间上都已打破日本年均9.4%的增长27年（1946–1973年）的纪录。中国在高速公路、高速铁路、互联网以及部分科技领域等许多方面，都已步入全球先进行列。

但对中国人来说，惊叹并非自满的表达。当日本由高速增长转为低速增长的时候，日本早已步入发达国家，成为世界第二强国；而中国在高速增长33年之后，虽为世界第二经济大国，却仍是发展中国家，为避免“中等收入陷阱”而心怀忐忑。与此同时，日益扭曲的结构问题，日益严重的环境问题，日益激化的社会矛盾，无不在警醒着国人：戒骄戒躁，任重道远！

着力寻求解决问题的方法与途径，使得中国在2012年有意放慢了经济增长速度，降至7.8%的低点。但与此同时，愈演愈烈的食品安全和环境问题，却在进一步警示着转变经济发展方式的现实性和紧迫性。乏善可陈的中国股票市场，则深刻映射出中国经济转型的艰难。

随之而来的2013年，必将是中国道路发生转折的一年。这不仅因为新一届政府走上历史舞台，带来新的面貌和理念，新的视角和作风，而且更是因为，不论从城市化、老龄化还是服务化等指标来看，中国进入城市化和老龄化，中国经济趋于服务化，都已成为不可回避的现实。托克维尔的《旧制度与大革命》备受推崇和全国风行，庙堂之上与江湖之下的针砭时弊，也都无不在提醒人们，中国正处于一个大变革的时代！

每次变革都是盛衰之变。盛衰之变未必是你死我活的尖锐对立，而往往是此起彼伏、新陈代谢的自然规律。制度如此，技术如此，产业如此，思想也是如此。

对中国投资者来说，盛衰之变还是视角变换，理念更新。与原有经济发展方式相对应的权重股投资将告一段落，而与新的经济发展方式相对应的新兴产业投资将引领市场主流。如果投资者关注指数涨跌，那么将在很长时间找不到投资机会，因为那是一个暗流涌动的世界，假以时日，才能听到春潮澎湃的涛声！

未来与梦想同在，变革与梦想同行。未来是世界的，更是中国的。变革是世界的，更是中国的。梦想是世界的，更是中国的。伟大变革中，期待中国梦！

面向未来，面向世界，中国人，应该如何投资？

答案是，顺应中国大势，获取中国红利，实现中国梦想！

而这正是一本关于中国发展大势的书，一本顺应大势的投资指南。

目录

第一章
大势是什么？

故善战人之势，如转圆石于千仞之山者，势也。

——春秋·孙武《孙子兵法·兵势第五》

一、投资看大势

每位资深的投资者，都应该知道这句话：投资看大势！

大势是什么？

大势是经济社会发展大势。早在20世纪20年代，道氏理论的创立者之一威廉·彼得·汉密尔顿（William Peter Hamilton）就指出："股票市场是中国（甚至于世界）商业的晴雨表。"[①]如果仅从经济周期来看，研究发现，在1946—1991年之间，美国曾经出现13个股票周期、9个周期性衰退。在9个衰退周期的8个周期中，股票市场与一般经济条件一致，也即大约62%的时间股票市场与经济总体走势一致[②]，还有38%的时间并不一致。但从行业来看，每次科技进步和社会发展趋势的变化都会在相关行业的股票中表现出来。电子技术、信息技术的革命性突破，无不在相应行业股票中掀起巨波狂澜。股票市场不仅仅是商业的晴雨表，而且也是社会经济发展的晴雨表。

最为常见的，大势是市场大势（major trend）。市场大势是技术分析鼻祖——道氏理论（Dow theory）的主要研究对象。道氏理论是查尔斯·H.道（Charles.H.Dow）、威廉·彼得·汉密尔顿与罗伯特·雷亚（Robert Rhea）三人共同的研究结果。1900年12月19日，查尔斯·H.道在《华尔街日报》评论文章中说：

我们可以认为市场永远包含着三种运动，它们是同时存在的。首先是

日复一日的范围狭窄的运动；其次是短期运动，期间从两周到一个月或更长些；最后是基本运动，其周期至少是四年。③

这段话后来成为道氏理论的核心所在。道氏理论作为技术分析的鼻祖，其趋势分析一直是技术分析的核心。约翰·墨菲曾对技术分析如此定义："技术分析是以预测未来的价格趋势为目的，主要通过使用走势图，对市场行为进行的研究。'市场行为'（market action）这个词主要包括三种对技术分析人士有用的信息——价格（price）、成交量（volumn）和持仓量（open interest）。"④技术分析的要旨，就在于及时准确地揭示趋势的发生或转折，以便顺势交易。

基于对市场大势的分析，利用移动平均线（Moving Average，MA）的分析工具，葛兰碧法则（J.Granville Rules）指出，当MA从下降逐渐走平，而股价从平均线下方穿越，出现"黄金交叉"的时候，就是买入时机。葛兰碧采用的就是200天均线，因此实际上就是预测市场大势。

市场大势虽然是技术分析的核心，但受到一些价值投资者的重视。美国著名投资家威廉·欧内尔（William Onel）以其40年投资实践，淬炼出CAN SLIM（可瘦）的股票投资准则，其中C表示股票近期每季每股收益（Current quarterly earnings per share），A代表年度每股收益增长（Annual earning increases），N表示新产品、新管理方法、股价新高（New products，New management，New highs），S表示供求（Supply and demand）也即股票流通盘大小、市值及交易量，L表示领导股或落后股（Leader or laggard），I指有大投资机构关照（Institutional sponsorship），M指股票市场走向（Market direction）。对C、A的关注，表明他是一个价值投资者，而对M的关注，则表明他注重市场大势。他认为，其余6项提供选股标准，而认识大盘走势M才是获利关键。

流风所及，关注市场大势成为许多基金经理乃至普通投资者的普遍做法。体现在投资操作中，就是趋势投资的形成。趋势投资强调，投资者应该识别和购买具有上涨趋势的股票，只要上升趋势不变，就一直持有股票。

但市场的复杂性在于，趋势往往不能延续，因此趋势投资往往以失败告终。面对变幻莫测的市场趋势，逆向投资者出现了。他们与趋势投资者不同，他们逆风而行，在市场最悲观的时候下手，在市场最乐观的时候逃离。

著名国际投资家詹姆斯·罗杰斯（James Rogers，1942—）就是如此。他坚信，市场永远错误，只有独立思考、抛开羊群心理才是正确的。投资者千万不要跟随市场的一般看法，而必须学会自我思考与自我判断。“市场走势永远是你的朋友”这句话并不正确，依样画葫芦很少能使人致富。与市场走势亦步亦趋，短期之内也许可以获利，但是绝对无法长久。他作为宏观经济分析大师，认为投资者应该跟随的大势是市场供求大势。他在从事国际投资时，把赌注押在整个国家上；在国内投资时，便把赌注押在整个行业上。当他确定一个国家比众人所相信的更有前途时，他就在其他投资者意识到这种交易的可能性之前，将赌注投入这个国家，买下该国股票。

詹姆斯·罗杰斯的所谓大势，实际上就是经济社会发展大势。虽然在投资领域，没有绝对的真理，但我们可以说，基于经济社会发展大势进行投资，要比基于市场大势进行投资要有更高的成功率，因为投资者站得更高，才能看到更远。

在社会经济发展的大趋势中，盛衰之变，草木荣枯。一将已成万骨枯，即使在欣欣向荣的朝阳行业和朝阳企业中，也有很多的失败者。在新兴行业兴起之时，尤其如此，因此巴菲特总是对新兴技术类股票敬而远之。但他投资的麦当劳、美国运通，又何尝没有顺应时代大势！他们不正是作为美国生产模式和美国文化的典型代表，征服着世界吗？

“世界潮流，浩浩荡荡，顺之则昌，逆之则亡”。这是1916年9月，孙中山到海宁盐官观看钱江大潮后，回上海写下的名言。国家然，投资亦然。可以说，顺应社会经济发展大趋势，投资未必可以成功；但如果不顺应这个大趋势，那么投资永远不会有欣欣向荣的一天。根本问题不在于是否应该顺应，而在于如何顺应，如何避免过于急功近利，在短视与冲动中被群众性的狂热所淹没。

2001 年 6 月，美国著名的《财富》杂志借《财富》全球论坛在香港举行之际，对华人首富、世界级富豪李嘉诚进行专访。在专访中，李嘉诚吐露了他的成功之道：肯用心思去思考未来，抓到重大趋势，赚得巨利，便成大赢家。

这是他一生的经验之谈，足供投资者借鉴！

二、未来大趋势

未来大趋势是什么，不少人尤其权威机构有许多不同的看法。

美国学者丹尼尔·阿尔特曼（Daniel Altman）探究全球变动的深层动力，在《全球经济 12 大趋势》一书中提出全球经济 12 大趋势：一是中国崛起后将面临重大挑战，有可能先富后穷；二是欧盟将分崩离析，或名存实亡；三是新“殖民主义”愈演愈烈，贫富差距继续扩大；四是发展中国家向发达国家移民将是一场灾难；五是资本主义不会一直自由放任，社会主义需要改革；六是美国商业文化还将独霸世界；七是随着全球经济一体化，中间商将成为赢家；八是世贸组织将名存实亡，全球贸易面临重新洗牌；九是上海、香港、纽约和伦敦将会被新兴宜居中心取代；十是一个巨大的金融黑市将会形成，全球金融市场面临严峻考验；十一是全球变暖会让世界“天翻地覆”；十二是世界政治体系将会阻碍经济发展。

2012 年 12 月，美国国家情报委员会发布《2030 年全球趋势：不一样的世界》的报告，认为未来存在四大趋势：

一是个人自主权。未来 15—20 年内个人自主权会迅速上升，主要是因为贫困减少、中产阶级壮大、教育更加普及、医疗条件改善等。中产阶级将成为大多数国家最重要的社会和经济力量。个人自主权是其他发展趋势的结果和诱因，包括全球经济扩大、发展中国家的迅速崛起、新型通信与生产技术传播。一方面，个人主动性的潜力在未来将成为解决全球挑战的关键。但另一方面，个人和小集团能更容易获得致命和破坏性技术，造成大规模暴力犯罪等。

二是国家权力扩散。到 2030 年，国家间权力的扩散将产生巨大影响。亚洲基于 GDP、人口数量、军事支出和技术投资，将超越北美和欧洲。中国经济将成为全球之最，在 2030 年之前赶超美国。在格局变化方面，全球经济良好与否将与发展中国家经济表现挂钩。中国、印度和巴西将成为全球经济的重要力量。其他区域力量，如哥伦比亚、印度尼西亚、尼日利亚、南非、土耳其等国崛起，成为次级力量。高盛称之为“金钻 11 国”（简称 N–11），未来将超越欧盟 27 国。这些国家再加上中国和印度，将使全球重心从西方世界转移过来。

三是人口模式。到 2030 年，全球人口将接近 83 亿，届时，人口模式有四大趋势：老龄化、人口移民、青年人口数量严重萎缩、城市化加速。这对大多数国家的经济、政治和外交将会发挥一定的决定作用。老龄化问题突出的国家都面临一场如何确保人民生活水平的攻坚战。劳动力需求将刺激全球范围内的人口移民。而发展中国家的城市化进程，将导致未来 40 年内的城市中住房、办公、交通服务建设数量基本与全球历史数量相同。

四是粮食、水资源和能源需求的增长。随着全球人口增长和中产阶级的壮大，对粮食、水资源和能源的需求大约将分别上升35%、40%和50%。而获得这些必需资源的途径，未来将因为气候变化问题而进一步恶化。

在“四大趋势”下，西方两个多世纪以来在全球的主导地位将被颠覆，美国和欧洲国家将不再享有霸权地位，而是可能和充满活力的新兴经济体分享这种地位。从国内生产总值、人口规模、军费开支以及技术投资来看，到2030年，亚洲实力将超过北美和欧洲的总和。

2013年1月，国际货币基金组织总裁拉加德（Christine Lagarde）在2013年达沃斯世界经济论坛开幕仪式上指出，未来世界有四个“超级趋势”（mega trend）：一是对个人权利的诉求不断上升，“全球社区”的概念越来越强；二是政治和经济力量在世界范围重新分配；三是人口构成发生巨大转变，新兴市场地区的青年人口数量增加，其他地区日趋老龄化；四是资源稀缺和气候变化使脆弱性不断增加，可能导致重大的社会和经济动荡。全球经济政策应当适应这些趋势，做出相应调整：首先要更为开放地处理经济问题；其次要实现更强的包容性；最后是需要更好的问责制。她还曾在2012年12月发表《未来的全球经济》一文，指出全球经济的长期趋势：从亚洲到拉美日益突显充满活力的新兴市场地位；美日两国仍是推动全球经济发展的重要力量，但必须解决巨额债务和赤字问题；欧洲则正在经历调整及整合的困难历史时期；中东正在经历转型；撒哈拉以南非洲突破数十年经济停滞进入可持续发展的新领域。

百家争鸣，百家齐放。

在比较、研究基础上，笔者认为，全球变化存在如下未来大趋势：

经济全球化仍将深入发展。经济全球化是指商品、资本、服务、技术、信息、劳务（人才）在全球范围内流动空前加快，形成世界统一大市场的过程。进入21世纪以后，全球化进程加快，各国开放程度趋于提高，相互依存度和市场自由化程度越来越高。跨国公司仍将是经济全球化的重要推动力量。有研究显示,全世界有 6.4 万家跨国公司，它们以资金、技术、品牌和销售网络优势驰骋世界市场，控制着全球 1/3 的生产、2/3 的国际贸易，70%的技术专利和 90%的国际直接投资。伴随市场化和网络化的进一步推进，借助跨国公司强大的扩张力量，经济全球化进程仍将深入发展，进一步形成真正的全球性经济体系。

区域经济合作继续发展。与经济全球化一道，区域经济合作（区域经济集团化）是世界经济发展的又一重要趋势。欧洲联盟、北美自由贸易区和筹划中的东亚自由贸易区将是世界经济最重要的三大主体，其中，欧盟作为目前一体化程度最高的地区组织，拥有 25 国人口 4.5 亿，GDP 逾 10 万亿美元，占世界总 GDP 的 30%；目前包括美国、加拿大、墨西哥三国的北美自由贸易区作为全球最大的自由贸易区，人口近 4 亿，GDP 11 万亿美元，如果纳入拉美，便将形成一个包括 34 国、8 亿人口、占半个地球的大市场；筹划中的以双边为基础的东亚自由贸易区建成后将涵盖“10+3”（东盟 10 国+中日韩 3 国），拥有占世界 1/3 人口，7 万亿美元 GDP，与欧盟、北美自由贸易区三足鼎立。

全球政治经济多极化。政治和经济力量在世界范围重新分配。伴随中国等新兴国家崛起，美国将不再是唯一掌握霸权的国家。西方国家自 1750 年以来的跃升之势逐步扭转，亚洲在全球经济中的重要性得以重建，新兴国家和地区继续成为全球增长引擎，美国、欧盟、中国、新兴国家共同构筑全球政治经济多极化格局。中美关系作为最重要的国际关系，对全球经济增长和政治稳定具有决定性影响。美国固有的全球老大与新兴强国中国之间形成的巨大张力，可能带来不稳定和冲突，最终形成力量均势。

亚太地区成为全球中心。在 16 世纪以前，亚洲是世界经济重心，其GDP 约占全球的 2/3。但到 18 和 19 世纪，随着城市化与工业化发展，欧洲和美国迅速崛起。进入21世纪，经济重心再次向亚洲转移，其速度和规模前所未见。预计2030年之前，亚洲将在GDP、人口规模、军事支出和科技投资等方面，超过北美洲和欧洲的总和，引领全球。亚太地区是全球最重要的两个国家——美国和中国所在地，也是印度、巴西、俄罗斯等新兴国家所在地。这些国家不仅在全球经济中具有决定性的影响，而且在全球政治中也具有举足轻重的影响。美国对中国的遏制，日本等亚洲国家对中国崛起的不适应和可能的摩擦，都可能加剧亚太地区乃至全球不稳定甚至于局部战争。

女性发挥越来越大的作用。这是一个女性攻城掠地的时代，世界正变得越来越温柔。虽然有些地方仍在人为选择男婴，但化学物质等因素正在导致包括人类在内的生物生育雌化。服务化的发展趋势，以及营销方式的日益普及，给女性越来越大的经济发展空间。

全球城市化继续推进。美国智库布鲁金斯学会认为，美国经济基本依靠20座大都市的表现。联合国亚太经社理事会和人居署共同发布报告，将亚洲持续发展的未来寄望于城市化。国际管理咨询公司麦肯锡则公布“全球城市600”研究框架，提出全球经济实际上依靠近600座城市的表现。随着越来越多的人口以及资金、信息、技术等各种经济资源聚集于城市，城市尤其大城市在人类社会中的作用将越来越大。

气候变暖改变世界。全球气候变暖作为难以抑制的趋势，正通过极端气候、物种迁移、海平面上升，对人类生活产生重大影响。全球气候变暖还可能通过北极冰川融化，改变北极地理状况，让新的航道浮现，同时让大量矿藏、石油等资源具有开发可行性。包括俄罗斯、加拿大、美国在内的各个国家，已因此纷纷展开主权争夺。经加拿大北冰洋连接大西洋和太平洋的西北通道，如果冰层融化，将成为连接大西洋和太平洋的主要海运通道，进而对全球航运格局、经济贸易格局乃至政治格局产生重大影响。

三、中国的未来

综合全球和中国发展变化，我们不能不注意以下趋势：

中国继续崛起。据英国《经济学家》杂志中国专栏的预测文章，如果未来十年美国经济年均增长2.5%，同时物价年均增长1.5%,而中国经济能够保持年均增长7.75%，同时物价上涨控制在年均4%，人民币年升值控制在3%，那么到2016年的时候，中国按照购买力平价计算的经济总量将第一次超过美国；而到2018年，即便按官方汇率计算中国的经济总量也将超过美国。另据假设，即使未来十年中国的年均增长只有7%，那么到2020年的时候，中国经济总量也将增长一倍，约相当于当时美国经济总量的64%，日本经济总量的2倍，德国经济总量的3倍以及英国、法国、印度、巴西等国的各4倍，加拿大的6倍以及墨西哥的12倍。

内需导向日益明显。国家统计局的数据显示，在2012年GDP增长7.8%中，最终消费对GDP贡献是51.8%，资本形成贡献50.4%，货物和服务的净出口贡献2.2%，表明消费已超过投资成为中国经济增长的最大引擎。据多种因素分析，尽管推动和抑制消费增长的因素同时存在，但消费作为经济增长第一引擎的趋势日益明显，中国经济由内需主导的势头难以逆转。

中国与世界经济的互动日益增多。随着中国日益融入全球政治和经济，相互间的双向反馈明显增加。这种影响可能是积极的，也可能是消极的。但无疑，中国经济的稳定增长会对世界经济产生重要的稳定作用并做出杰出贡献。在这种互动中，结构性失衡将大大减小，甚至发生根本的方向性转变。随着进口增长超过出口增长的频率提高、差距加大，中国对外贸易顺差将越来越趋于减小；吸收外资主导也将逐渐向对外投资主导转变。

资本和文化输出日益占据重要地位。作为拥有巨额外汇储备和丰富文化特色的大国，中国崛起将带来从“商品出口大国”向“商品、资本与文化输出大国”的转变。截至2012年，中国对外直接投资已保持11年连续增长。2012年，中国境内投资者共对全球141个国家和地区的4425家境外企业进行了直接投资，累计实现非金融类直接投资772.2亿美元，同比增长28.6%[⑤]。中国未来对外直接投资将继续保持高速增长。与此同时，伴随服务贸易的文化输出也将逐渐增加。近年来，由中国与全球诸多大学合作设立的孔子学院在全球备受青睐，就是一个重要征兆。欧美电影中融入越来越多的中国元素也是这个趋势的反映。

但对投资者而言，中国未来发展的以下趋势更值得关注：大市场形成、城市化、服务化、亚滞胀、科技革命、老龄化、智能化、美丽中国和气候变暖，因为它们存在更多的投资切入点。

第二章

中国形成大市场

善者因之，其次利道之，其次教诲之，

其次整齐之，最下者与之争。

——汉·司马迁《史记·货殖列传》

一、中国经济及其转型

改革开放30多年来，中国借助资金和技术引进，依靠经济全球化下的比较优势和后发优势，采取以低成本为主的竞争策略，在经济领域取得了举世瞩目的伟大成就。2007年，中国GDP总量超过德国，成为世界第三；2010年，中国GDP超过日本，成为世界老二；据预测，2030年前后，中国GDP可能超过美国，成为全球老大。截至2011年的10年间，中国年均经济增长速度一直维持在10%左右，高居世界首位；年均财政收入增长速度超过20%，有些年份增速甚至高达40%。

以2001年中国加入WTO和2008年金融危机为标志，改革开放后的中国经济增长大致可分三个阶段。

2001年之前的第一个阶段，是市场经济和对外开放格局基本形成的阶段，增长动力主要来自于市场化改革带来的激励和资源优化配置，生产要素由低效率国有部门转移到高效率的非国有部门。改革开放以来，中国对外贸易依存度总体上升，且升幅远逾世界平均水平。1978年世界平均的贸易依存度为29.27%，而中国仅为14.23%，不及世界平均水平一半。到2009年中国贸易依存度比1978年大幅提高211%，达到44.27%，而世界平均贸易依存度仅上升42.3%，达到41.81%。中国外贸依存度已高于世界平均水平。

2001—2008年是第二阶段，经济增长受益于低成本、大规模的中国经济主动全球化的过程，出口大幅增长，工业化和城市化快速推进。2001年，中国正式加入WTO，积极加入全球化进程。截止2011年，与中国有贸易关系的国家和地区数量增至124个，居全球第一，远远超过美国的76个。中国积极参与全球产业分工，利用劳动力充裕和成本低廉的比较优势，迅速成为世界工厂。2011年，中国进出口对外贸易总额达3.6万亿美元，超过美国，成为世界贸易第一大国、出口第一大国、进口第二大国，并在进口量上，与全球进口第一大国美国的距离很小。

全面融入世界经济，带来了经济外向度的进一步提高。2002年后，中国贸易依存度始终高于世界平均水平。2003年中国外贸依存度首次超过50%达到51.9%，2006年达到67%，较2001年提升28.5个百分点；此后平稳回落，但基本在50%以上。

2008年以后为第三阶段。2008年全球金融危机爆发后，欧美发达国家深受打击，经济复苏一波三折。经济增长的引擎由发达国家转变为新兴国家。发达经济增长乏力，新兴经济第一次成为全球经济增长的主导力量，其经济增长率约为发达国家的两倍，成为危机后全球经济恢复最显著的特征。2010年全球经济反弹增速达5.1%，新兴和发展中经济体经济增长7.3%，为发达经济体3.1%的两倍多。2011年，金砖四国（不算规模较小的南非）加上韩国、印尼、墨西哥和土耳其共创造近3万亿美元的GDP，超过英国，与美国相近，约占全球GDP的25%[⑨]。但发达国家占世界经济的比重很高，仅美国、欧元区与日本就占2011年世界GDP总量的48.63%，而中国对美欧日出口的比重在50%以上[⑩]，因此，未来较长时期，陷入债务收缩型衰退的发达经济体将拖累世界贸易和中国出口增长。

努力扩大内需，让内需发挥主导作用，是中国经济的必然选择。在发达国家经济衰退、需求锐减的情况下，中国出口导向的发展模式陷入困境；成本上升、人口红利减弱，周边国家成本竞争和欧美国家“再工业化”战略，都在对中国现有制造业基础形成冲击。中国经济必须由外需驱动转向内需驱动，特别是向消费驱动转变，才能实现长期较快增长。扩大内需特别是消费需求，既是中国经济长期平稳较快发展的根本立足点，也是加快转变经济发展方式的基本要求和首要任务。

在经济较快增长的前提下，扩大内需，尤其扩大消费需求，势必带来一个中国大市场的形成。

二、收入增长与市场扩大

市场作为交易场所，其规模取决于供求决定的交易量。而在一个供过于求的世界里，市场规模取决于需求增长。从根本上讲，消费需求取决于居民收入增长，也取决于收入分配结构。而这其中，收入增长既取决于经济增长，也取决于收入分配制度。中国现有的国民收入分配机制是在政府主导和企业偏向的制度环境下进行的，最终形成向企业和政府倾斜的收入分配制度。可以想见，在这样一个收入分配制度中，居民收入增长速度很难超过经济增长。而这，正是多年来中国收入分配的基本格局。

1992—2008 年的数据表明，在初次分配中，企业部门占比从 1992 年的 17.4%升至 2008 年的 25.3%，17 年上升 7.9 个百分点，增幅达 45.4%；政府部门占比从 1992 年的 16.6%升至 2008 年的 17.5%，17 年上升 0.9 个百分点，升幅 5.4%；家庭部门占比从 1992 年的 66.1%降至 2008 年的 57.2%，17 年下降 8.9 个百分点，降幅为 13.5%。再分配中，企业部门占比从 1992 年的 11.7%升至 2008 年的 21.6%，17 年上升 9.9 个百分点，增幅达 84.7%；政府部门占比从 1992 年的 20.0%升至 2008 年的 21.3%，17 年上升 1.3 个百分点，升幅为 6.1%；家庭部门占比从 1992 年的 68.3%降至 2008 年的

57.1%，17 年下降 11.2 个百分点，降幅 16.4%。政府部门和企业部门在初次和再分配中的占比均呈“双上升”趋势，而家庭部门占比均呈“双下降”趋势[8]。2009—2011 年，数据调整后劳动者报酬占比上升较多，但仍是下降趋势[9]。

未来中国消费主导的经济转型，基础和前提都在于提升城乡居民的消费能力。这就需要确立民富优先的发展导向，加快推进以民富优先为导向的收入分配改革，构建民富优先发展的体制机制。有鉴于中国目前的收入分配格局和未来的方向发展，中国共产党十八大报告首次提出“实现国内生产总值和城乡居民人均收入比 2010 年翻一番”的新目标。这一目标被称为中国版的“收入倍增计划”。

国民收入倍增计划（Income Doubling Programme）始于日本。1960 年，日本池田内阁为了推动日本经济发展，提高人民生活水平，实现充分就业，消除日本经济所具有的经济结构不平衡状况，采纳经济学家下村治的建议，宣布实施“国民收入倍增计划”，并定下目标：国民生产总值和国民收入年平均增长速度为 7.8%，人均国民收入年平均增长速度为 6.9%。为此，池田内阁引入最低工资制，扩展社会保障，完善养老保险金，提高健康保险付给率。政府增加公共投资，从 20 世纪 60 年代初平均每年增加 25%左右；从 1961 年开始，每年在个人收入调节税和企业税上共减税 1000 亿日元，同时降低利息、扶植公债和公司债市场。政府制定新立法以增加农业从事者收入，协助中小企业推进设备现代化与专业化生产，提高劳动生产力。

这场新经济运动随后成为日本经济起飞的基础和转折点，造就了日本黄金时代。国民收入倍增计划实施后，日本国民生产总值和国民收入的实际年平均增长率达到 11.6%和 11.5%，超过计划规定目标；实施计划的第七年——1967 年，提前完成翻番目标，国民收入增加一倍；人均国民收入按市场价格计算，从 1960 年的 395 美元增加到 1970 年的 1592 美元，10 年间实际工资平均增长 83% 。1970 年该计划完成之时，日本国民生产总值先后超过法国和德国，成为仅次于美国的第 2 大经济强国。到 1973 年，国民收入甚至增加 2 倍。日本从此诞生和形成了一个强大和稳定的中产阶层。

显然，中国版的收入倍增计划将奠定中国市场规模扩大的坚实基础，为中国经济社会创造新的发展契机。但要实现中国版收入倍增的目标，需要围绕收入分配，在财政体制、社会保障体制、就业制度等方面进行全面、深入的结构性改革。

三、中国的结构性改革

收入分配制度改革，是利益的重大调整，是复杂的系统工程，包括深化工资制度改革，健全资本、技术、管理等要素参与分配制度，加快完善再分配调节机制，整顿和规范收入分配秩序等多个方面，涉及财政体制、社会保障体制、就业制度、教育体制、医疗卫生体制等多方面改革，这既是一项紧迫工作，更是长期复杂的艰巨任务。全面、深入的结构性改革，是中国未来发展的必然选择，是撬动新增长动力的重要杠杆。

在更广泛的意义上讲，随着改革红利耗尽，社会结构日益板结，为了激发活力，提高效率，避免“中低收入国家陷阱”，新的结构性改革也是中国必然的选择。这些改革包括国企改革、收入分配改革、户籍制度改革、生产要素价格机制改革，其中都涉及既得利益集团，需要更大的勇气和魄力。

在新的社会发展形势下的三项任务，第一是是持续发展经济；第二是不断改善民生，也就是说要着力提高城乡居民，特别是低收入者的收入，持续扩大中等收入群体；第三是要促进社会公正，公正是社会创造活力的源泉，也是提高人民满意度的一杆秤。

制度建设至关重要。人终究是“制度人”，有合理的制度设计，才有合理的收入分配。从农村到城市的市场化改革，在电信、银行、电力等垄断性行业通过行业放松规制、公司分立等方式引入竞争机制，通过加入WTO从全球引入竞争机制，都是重大的制度变革，极大程度地改变了中国人的经济行为，大大激发了人的活力和创造性。由于市场机制发挥主导的基础性作用，过去通过行政管制一管就死、一放就乱的症结解开了。

与改革开放之初的全局性改革不同的是，现有的结构性改革涉及强大的既得利益阶层，因此不可能指望通过自下而上的改革来实现。期待通过自身改革来优化全局，无疑是不可行的。结构性改革中最关键者，在于通过顶层制度设计对行政权力进行约束，打破种种垄断，建立公平竞争的市场体制，体现公平正义。在政治领域，规范政府权力，避免政府权力对于私人权利的随意侵犯；在经济领域，打破国企垄断，准许民营资本进入；在人事领域，实现体制内外的统一，实现同工同酬；在城乡领域，打破分配、社会保障、公共投入等方面的二元制度安排，城乡居民享有平等权利，是提高经济活力、实现公平正义的关键性环节和支点。

公权与私权的进一步规范是结构性改革的重要内容。上一轮国有企业改革后，国有经济占据关系国计民生的重要领域，存在不同程度的垄断。在这种情况下，如果对行政赋予的权力缺乏制约，就势必带来对于私人权利的侵害。以交通运输为例，现代交通运输工具和网络带来的结果，也使权力掠夺民间财富的能力达到空前的高度。目前全国铁路、公路、水运、航空的运输总量加在一起，2012年全国范围的货运量将会超过350亿吨，按照13亿人口来算，一年的人均货运量达到26吨的水平。这种经济规模应是很可观的，但需要对行政权力进行约束。正如陈志武所说：“有了这些高强度、大规模的运输容量和运输能力，如果同时行政权力不受制约，那么，不受制约的政府权力对民间财富的潜在威胁，或者说政府能够侵犯民间财富的能力和程度也是历史上任何时期所无法比拟的。[13]”

正是基于资源、行政等种种垄断，市场分割成为阻碍中国大市场形成的最主要障碍。经过30多年的改革开放，明显的区域、行业间市场分割似已罕见，但若从市场进入成本考虑，市场交易往往要经过种种关卡才能完成，那么市场分割就很常见。路桥、行业准入、区域准入的种种垄断，种种巧立名目的费用和税收，还有贪污腐败的费用，导致中国物流成本占GDP比重处于较高水平。在西方发达国家，物流成本占GDP比重一般为8%—10%左右。而根据国家发展改革委、国家统计局、中国物流与采购联合会联合发布的《全国物流运行情况通报》，2006—2011年，中国物流总费用占国内生产总值比重分别为18.3%、18.4%、18.1%、18.1%、17.8%和17.8%[14]，虽有逐步下降趋势，但仍比发达国家高出一倍左右。过高的物流成本不仅阻碍商品流通，而且推高商品价格，阻碍商品交易。

加强规范，打破垄断，才能降低交易成本，建立人尽其用、物畅其流的市场网络。在中国大力发展高速公路和高速铁路的同时，降低收费是建立中国大市场的重要途径。2012年9月30日，中国首次实行高速公路假日免费通行政策。一时间，全国各地高速公路涌入成千上万的私家车，因此带来了高速公路严重拥堵、热门景区不堪重负、车流过后垃圾遍地等问题，但与此同时，蜂拥而至的旅游大军也让世界看到中国经济软着陆和中国消费的光明前景。按照现行政策，高速公路免费通行时间范围为春节、清明节、劳动节、国庆节四个国家法定节假日，以及当年国务院办公厅文件确定的上述法定节假日、连休日。可以说，这是一个短期性的制度安排，要切实降低物流成本，有待长期性的制度改革。

伴随结构性改革进一步推进，中国经济将继续较快增长，中国市场规模进一步扩大。根据十八大2020年居民收入翻一番的目标，届时中国将释放64万亿的购买力。而如果按照未来几年中国GDP平均同比增长7%、美国同比增长2%的情景假设，在人民币兑美元汇率每年平均升值3%的前提下，波士顿公司预计，到2015年中国国内消费水平将达到美国的一半以上，到2020年达到美国水平的80%[15]。

四、中国大市场的深远影响

中国大市场的形成将对贸易结构和产业结构产生重大影响。

中国大市场将增强中国经济的内需导向。基于中国大市场，中国产业将更多地以国内市场为目标，进而促进内需导向的经济发展方式，以及大陆型经济的形成。假以时日，通过进一步的经济发展和结构性改革，中国将成为仅次于美国的第二个成功的大陆型经济体（continental economy）。这种经济模式具有大国经济、可持续经济和内源性经济的特征。中国大市场将为中国制造业提供强大支撑。大市场所产生的多元化产品和服务需求，还将拉动第三产业发展，进而强化第三产业主导的产业结构和服务化趋势。

中国大市场将带来进口的巨大增长。1991—2012年的数据显示，在2008年之前，多数年份中国出口增长快于进口增长；2008年以后，由于国内需求增长快于国际需求增长，中国进口增长普遍快于出口增长（图2-1）。根据美国商务部2013年2月8日发布的贸易统计，美国2012年的商品贸易总额比前一年增加了3.5%，达到38628.59亿美元。而根据中国海关今年 1 月发布的数据，中国 2012 年的贸易总额为 38667 亿美元，已经小幅超越美国，成为世界贸易规模最大的国家。2015 年，中国货物进口总规模有望超过 10 万亿美元，为全球公司提供更多投资机会和广阔市场。届时，中国可能是全球第一进口大国。

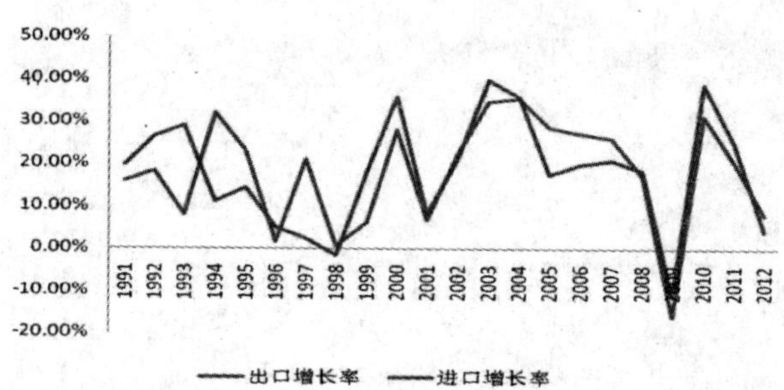

图 2-1 1991—2012 年中国出口增长率与进口增长率

资料来源：根据国家统计局发布的进出口数据绘制。

随着中国大市场形成，进口增长的趋势将日益明显，进而贸易顺差将日益缩小，对外贸易将日趋平衡，最终出现贸易逆差。这种情形在欧美很多发达国家都曾出现过。比如美国、英国都曾经历由贸易顺差国家向贸易逆差国家的重大转变。事实上，只有一个国家能够充分扩大进口的时候，它才能说是在充分利用全球资源。当中国进口成为世界第一的时候，中国需求成为全球贸易的主导力量，中国就成为全球最大的买家，进而引起国外企业、政府和社会组织对于中国需求的深入研究和关注。

中国大市场促进中国文化和价值观走向世界。在中国需求成为全球贸易的主导力量的同时，具有中国特色的中国产品也就越来越多地为世界所接受，中国文化和价值观也就随之越来越多地为世界所接受。中国艺术、中国医学、中国思想、中国武术等，都将迎来一个全球化的时代。

中国大市场的广阔前景，将给跨国公司带来更多的发展空间。跨国公司已鸭水先知。自20世纪70年代末中国面向世界打开国门开始，跨国企业纷纷进入中国投资兴业，逐步成为中国经济社会发展的重要推动力量。2008年国际金融危机期间，跨国公司布局中国市场的意图更加明显，中国市场成为了众多跨国公司重要的避风港和利润源。目前世界500强公司中已有约490家在中国投资，跨国公司在华设立的研发中心、地区总部等功能性机构已达1600余家。以跨国公司为代表的广大外商投资企业也从中国发展中获得了可观利益。据初步测算，仅2010年外商投资企业在中国市场实现销售额就达到33万亿元人民币以上⑫。

五、中国大市场的投资选择

国内需求增长，中国大市场形成，将带动消费结构变化、带动消费增长，新消费潮流将替代传统消费，给商业贸易、酒店旅游、食品饮料、休闲娱乐、品牌服装、医药、家电、人寿保险等所有面向中国市场的企业提供机会。但投资者更应关注其中的亮点所在。

1. 网购、第三方支付等新业态。基于搜寻成本较低、价格比较便利以及时尚新潮等因素的影响，网购零售作为新兴消费业态，正成为新的消费增长点，以及满足和提升居民消费需求的有效手段。自2008年开始，中国网络购物用户数一直高位增长，2008—2010年增长率均达到50%左右水平，用户年增长的绝对数量也在持续增大。中国的网络购物零售额从2004年的45亿元增至2011年的近8000亿元，年均增长1.4倍，网上零售额占社会消费品零售总额的比重从2004年的0.08%上涨到2011年的4.3%。2012年国内网络零售市场交易规模达13205亿元，同比增长64.7%，依然保持快速增长趋势，已占当年社会消费品零售总额的6.3%，比上年提高2个百分点。2012年中国网购用户规模达2.47亿人，较上年增长21.7%。预计2013年年底中国网络购物用户规模将达到3.1亿人[13]。

中国网络购物市场尚有很大提升空间。从国外网络购物市场的发展状况看，在消费市场更发达的欧美国家，网络零售额占社会消费品零售总额的比重往往更高，其中英国高达12%，美国和德国都达到9%；2010年韩国和美国网购用户占全国网民的比例分别为64.3%和66.0%。如果考虑到中国庞大的消费人口基数、当前网购人口占比仍然较小、人口密度较高适合网购发展以及消费占GDP比重上升等因素，中国网络购物增长还有较大提升空间，尤其是对于将成为未来网民增长重要群体的中年人群，还有较大渗透空间。

2. 中国概念的制造业。最典型的是中药。随着中国崛起，中国文化获得越来越多的认同，中医药正走向世界，打开全球市场的大门。投资者可以关注相关上市公司。

3. 物流业及其新业态、新技术。中国市场规模发展势必伴随物流业的快速发展。但与此同时，提高效率、降低物流成本也将是未来发展方向。美国经济学家小艾尔弗吉德·钱德勒在其名著《看得见的手——美国企业的管理革命》中提出的“速度经济”（Speed Economy，指企业因为快速满足顾客的各种需求，从而带来超额利润的经济），很适于描述现在的物流业。速度成为物流业发展的核心领域和核心竞争力。为此，物联网、云计算、多层仓库、自动分拣、托盘系统等新的物流设备和技术将获得更广泛的应用，电子商务物流等新型业态将继续快速发展，多业联动的经营模式渐成趋势。投资者可以关注相关上市公司包。

在上述公司中，笔者重点关注焦点科技（002315）、数码视讯

（300079）、长盈精密（300115）、广电运通（002152）、片仔癀（600436）、同仁堂（600085）、云南白药（000538）、天士力（600535）、东阿阿胶（000423）、上海凯宝（300039）、丽珠集团（000513）、润和软件（300339）、外运发展（600270）、外高桥（600648）。

表 2-1 重点关注股票之一（2012 年数据）

股票名称	股票代码	流通股/总股本（亿股）	每股收益（元）	每股资本公积金（元）	加权净资产收益率（%）	行业
焦点科技	2315	0.59/1.18	1.07	10.28	7.63	互联网和相关服务
数码视讯	300079	1.97/3.36	0.79	4.20	11.11	计算机、通信和其他电子设备制造
长盈精密	300115	1.08/2.58	0.74	3.00	13.50	计算机、通信和其他电子设备制造
广电运通	2152	5.97/6.23	0.93	0.29	21.46	通用设备制造
片仔癀	600436	1.40/1.40	2.53	3.30	26.69	医药制造
天士力	600535	5.16/5.16	1.21※	3.00	16.48※	医药制造
东阿阿胶	423	6.54/6.54	1.13※	1.07	20.02※	医药制造
上海凯宝	300039	1.97/2.63	0.92	3.06	17.94	医药制造
丽珠集团	513	1.78/2.96	1.49	0.74	15.17	医药制造
外运发展	600270	3.31/9.05	0.63	0.76	11.26	航空运输
外高桥	600648	8.10/10.10	0.44	1.72	9.30	批发

备注：1. 每股收益既是当期效益的衡量指标，也是反映股本大小与企业效益的综合指标。

2. 每股资本公积金是资本公积金除以股票总股数。公积金是公司的“最后储备”，既是公司未来扩张的物质基础，也是股东未来转赠红股的希望所在。公积金：包括资本公积金和盈余公积金，其中发行证券的资本溢价部分和无偿捐赠资金实物作为资本公积金，从偿还债务后的税后利润中提取 10%作为盈余公积金，二者均可转增股本。因此，如果每股资本公积金不变，但公司大幅盈利，每股盈余公积金大幅增加，也可能转增股本。

3. 净资产收益率是净利润与净资产的比例，系指每年每一单位的股东权益（净资产）可以带来多少收益。如果像“杜邦公式”那样将净资产收益率加以细化分析，净资产收益率净资产收益率 =销售净利率×资产周转率×杠杆比率=（净利润/销售收入）×（销售收入/总资产）×（总资产/净资产），那么净资产收益率可视为反映公司股东获报酬率的综合指标。

资料来源：作者自行整理。

第三章
中国城市化趋势

烟柳画桥，风帘翠幕，参差十万人家。

——北宋·柳永《望海潮》

一、城市与人类文明

城市是伴随着人类文明形成而发展的有别于乡村的聚落，是人类群居生活的高级形式。

在中国，“城”最早有一种大规模永久性防御设施，主要用于防御野兽侵袭，后来演变为防御敌方侵袭。最早的“城”还不具备宗庙、宫室、商业市场、手工业工场等一般城市所应具备的物质要素。中国古代的城市常有城墙，以供防卫之利。“有商贾贸易者谓之市”。“市”是商品交易的场所。最早的市没有固定的位置，后常在居民点的井旁，故有“市井”之称。“城市”的这个最基本含义，意味着市场交易对城市发展至关重要。

城市是防卫安全的需要，也是发展社会生产力的结果。随着商品经济发展，更多的人口逐渐被吸引到人口较为集中，又是奴隶主贵族居住的城中，城市位置更加固定，真正意义上的城市方才产生。

城市的出现是人类文明的重要标志。美国历史学家斯塔夫里阿诺斯（L·s·stavrianos，1913—2004）认为：“文明一词的含义确切地说，究竟是指什么呢？人类学者指出了将文明与新石器时代的文化区别开来的文明的一些特征。这些特征包括：城市中心，由制度确立的国家的政治权力，纳贡或税收，文字，社会分为阶级或等级，巨大的建筑物，各种专门的艺术和科学，等等[19]。”美国学者克拉克洪提出，文明出现的三个表现是：存在一系列人口至少在5000以上的永久性城镇、集镇或城市；已发明、使用文字；已有纪念性的公共建筑和进行礼仪庆典活动的中心场所[20]。是否出现城市，成为判断古代文明的重要标志之一。

城市作为人类文明的主要组成部分，伴随人类文明与进步发展起来。农耕时代，人类开始定居。伴随工商业发展，城市崛起和城市文明开始传播。虽然农耕时代，城市就已出现，但作用限于军事防御和祭祀仪式，只是个消费中心，并不具有生产功能。城市规模也很小，因为周围农村提供的余粮不多。例如，公元前 5 世纪的雅典是一个只有 4 万居民、10 万奴隶和外国人的城市。每个城市和它控制的农村，构成一个小单位，相对封闭，自给自足。真正意义上的城市是工商业发展的产物。如 13 世纪的地中海沿岸，米兰、威尼斯、巴黎等，都是重要的商业和贸易中心；其中威尼斯在繁盛时期，人口超过 20 万。工业革命后，城市化进程大大加快，由于农民不断涌入，作为工业中心的城市获得了前所未有的发展。到第一次世界大战前夕，英国、美国、德国与法国等西方国家，绝大多数人口都已生活在城市里。这不仅是经济富足、生活安逸的标志，而且也是居民素质文明的象征。

当成为政治、经济、文化中心的时候，城市就承担着管理社会、组织生产的领导职能，成为文明成长发展的领导者和组织者。城市兴衰，明显反映出各种文明体的兴亡历程。斯塔夫里阿诺斯曾在《全球通史》一书中分析说，欧亚大陆的古代文明时期（公元前 3500~1000 年），文明的中心是中东地区。欧亚大陆的古典文明时期（公元前 1000~公元 500 年），中东却远远落在后面，这一时期，大部分发明创造出自欧洲、印度和中国。欧亚大陆的中世纪文明时期（公元 500~1500 年），欧洲进入神学时期，蒙古帝国崛起，儒家文明进入鼎盛时期。公元 1500 年以后，西欧文明飙升，西欧开始扩张，特别是英国工业革命发生后，欧洲文明远远走在前面，而东方文明古国不断衰落。

与此相对应，公元前 2000 年之前世界上最重要的城市是伊拉克的乌尔，公元前1500年为埃及的底比斯。公元前1000年世界上没有特别出众的城市，勉强凑数的话可算黎巴嫩的西顿。公元前500年当属波斯（今伊朗）的波斯波利斯。公元元年意大利的罗马崛起。公元500年中国的长安最繁荣。公元1000年全球最繁荣城市是中国开封和意大利的佛罗伦萨。公元1500年最繁华的城市可能是北京、伦敦或巴黎。公元2000年是纽约市。伦敦、纽约和东京是目前世界上公认的最大、最有影响的全球城市。

城市在发展过程中，推动了经济发展和社会进步，但与此同时，它所带来的环境污染、社会治安等种种社会问题，也一直在困扰着人类。

二、全球城市化趋势

城市作为人类文明的重要标志，带来越来越多的人口和资源聚集，城市化进程因此展开。

城市化伴随人类文明进程，但在农耕文明时期，人类生活主要依靠农业，不可能远离农田牧场，因此城市化过程必然是缓慢的。工业文明以及随之而来的商业繁荣，才是城市化推进的加速器。过去100多年来，伴随工业化快速推进，城市化明显加快。1900年，全球仅13%的人口居住在城市，当时百万级人口的城市仅12个；现在，百万级人口城市已超过400个，其中20个都市圈人口超过1000万。全球已有近半数人口生活在城市中。全球城市还将继续快速扩张。据预测，到2050年，全球将有超过70%的人口生活在城市中，这意味着每年地球上会增加7个纽约[21]。

城市化导致人口向大城市聚集，形成超大城市。大城市化趋势是当代城市化的重要特征之一，它不仅表现在大城市数量急剧增加，而且导致了超级城市（400万人以上）、巨城市（800万人以上）、大都市区等组织形式的出现。1920年，50万人口以上的大城市人口占世界城市人口比例仅为5%；2000年，400万人口以上城市已占世界总人口的19.9%，巨城市也由1920年的1个增至1970年的17个，并且出现了7个千万人口以上的城市。大都市区也日益普遍。

城市化不仅带来人口聚集，而且更带来经济资源聚集。东京仅占全日本4%面积，却聚集了25%人口，经济聚集程度更甚，2010年人均国民生产总值7.2万美元，高出日本全国平均值的67.4%。另据2004年统计，大阪人口占日本人口1.6%，但经济（GDP）却占日本的4.1%；伦敦人口占英国人口11.8%，经济占13.3%；纽约市占美国人口2.3%，经济占3.5%；芝加哥人口占0.92%，经济占1.25%；洛杉矶人口占1.3%，经济占1.68%（三大城市合计，人口占全美4.52%，经济占6.43%）；多伦多人口占13%，经济占14.4%。发展中国家也是如此，如墨西哥城人口占全国19%，但经济却占20%[22]。在2009年世界发展报告前言《重塑世界经济地理》里，世行行长佐利克还提供过一个更夸张的例子：35.7%的埃及人口聚集在只占全国土地面积0.5%的首都开罗，但产出的GDP却超出全国一半！那份报告的主题，是经济发展和财富分布的地理不平衡：人口、生产和财富向城市、大城市和发达地带聚集和集中。

以大城市为核心的城市群继续集聚。世界城市化的新趋势不仅表现在大都市区化，而且还表现在城市集群化。城市集群无论是在美欧发达国家还是在中国都有很大发展，比如，以英、法、德为首的西欧城市群，分布在美国东部大西洋沿岸及五大湖沿岸的美国城市群，日本东海道及太平洋沿岸的日本城市群，分布在中国的长三角、珠三角、环渤海的中国城市群。1990年，美国大都市区的数量由1940年的140个上升为268个，人口接近

2亿，占全国总人口的比例达到80%[23]。大都市区的出现不仅改变城市地域空间与规模，而且也使生产要素流动及政治、社会结构等发生新变化。

在城市群基础上不断发展，形成了大都市带。大都市连绵带成为世界城市发展的趋势之一。大都市连绵带首先出现在美国东部大西洋沿岸和五大湖南部各州及欧洲国家。从20世纪70年代开始，在许多发展中国家，经济发达、工业化和城市化程度高的地区也出现向大都市连绵带发展的倾向。美国东部大西洋沿岸大都市带、日本东海道太平洋沿岸大都市带、欧洲西北部大都市带、美国五大湖沿岸大都市带、英格兰大都市带、中国长江三角洲大都市带，都是当代世界著名的大都市带。

城市化是人类与自然的交易。当人口越来越多地集聚于城市的时候，大片的乡村回归自然，于是新的生态格局开始出现：一方面城市生态问题加剧，另一方面农村由于人口减少，环保绿色成为可能。维护城市生态平衡，绿化城市，促进城市和自然更加和谐，已成为各国大中小城市的共同行动目标。

三、中国的城市化

近年来，我行走中国各地，在耳闻目睹之中，对中国城市化或者城镇化进程深有感触。由于人口逐渐积聚于城市或者城镇，江西的一些村落已经人口稀少，甚至于仅有一户人家；在四川，有的居民从山上迁移到城镇，也带来村落人口的大幅减少。由此带来的生活方式变化，也为他们对民族文化的传承增添了困难。

中国城市化进程经历了1949—1957年城市化起步发展、1958—1965年城市化曲折发展、1966—1978年城市化停滞发展、1979—1984年城市化恢复发展、1985—1991年城市化稳步发展、1992年至今城市化快速发展六个阶段。建国尤其改革开放以后，中国城市化水平大幅提高，城市个数由建国前的132个增至2010年667个。中国国家统计局发布的《2011年中国人口总量及结构变化情况》显示，2011年，城镇人口比重首次突破50%，达到51.27%，比2002年上升了12.18个百分点，城镇人口为69079万人，比2002年增加了18867万人；乡村人口65656万人，减少了12585万人。中国城镇人口首次超过农村人口，中国城市化进入关键发展阶段。

中国城市化是拉动中国经济增长和财富增长的重要力量。过去十多年间，中国城市化和经济增长、财富累积、以及人均GDP增速之间保持正相关关系。单位城市土地面积/GDP在过去10年增长5倍，且呈加速增长态势。2000年之后虽是中国城市化平均增速最快的阶段，但人均GDP增长速度更高，两者间的增速之差直线上升至60个百分点。财富向中心城市、大城市迅速集中，以单位土地GDP和人均GDP作为参考标准进行衡量，经济密度最高、最为富裕的城市集中于长三角、珠三角、京津唐等区域性增长中心。中国GDP规模最大的十个城市在全国的比重最高时曾达25%，近年一直稳定在23%左右[24]。

城市化伴随人口大量迁移。改革开放以来，数以亿计的流动人口从内陆向沿海、从西部向东部迁移。以2010年11月1日零时为标准时点的中国第六次全国人口普查数据显示，十年间，居住地与户口登记地不一致且离开户口登记地半年以上的人口增加了1.1亿，增长超过81%；居住在城镇的人口超过6亿人，占总人口比重49.68%，城镇人口比重比2000年普查时上升13个百分点；东部地区人口比重上升2.41个百分点，中部、西部、东北地区的比重都在下降，尤其是西部地区降幅最大。这些数据表明，中国沿海发达省份的常住人口占比在增加，内陆欠发达地区的常住人口占的比重在下降。流动人口作为生产和消费主体，对城市生产密度、消费密度提升具有重要作用，大大促进了城市繁荣。

城市化伴随大城市数量和规模的不断增长。建国以来，中国 50 万人口及以上的城市数量除个别年份外，都在不断增加。改革开放以来，中国城市数量和规模都有较大发展。1949 年，100 万以上人口城市只有 10 座，2008 年，市区总人口 100 万以上人口的特大城市在 2008 年已达 122 个，其中有 93 座是 1978 年改革开放以后新增的[25]。中国已成为世界上拥有大城市和特大城市数量最多的国家之一。

大城市规模不断继续扩张。中国一直试图抵制“城市病”，但市场和体制因素都在推动大城市继续发展。在中国现行城市行政等级体制下，政府资源分配与城市等级挂钩，城市级别越高，可调动资源越多，自然可以在基础设施和公共服务方面投入更多，最终人为地拉大了城乡差距。这种差距势必导致更多的人口向高级别城市流动。

据各市统计数据，2002—2009 年，北京市常住人口增长率以超过 20%的速度大幅增长，最高时达 37.97%。截至 2009 年底，北京市实际常住人口总数为 1972 万人，提前十年突破国务院批复的《北京城市总体规划（2004—2020 年）》所确定的到 2020 年北京市常住人口 1800 万人的目标；上海市常住人口达 1921.32 万人，已达《上海市城市总体规划（1999—2020 年）》所确定的 2020 年上海市 2000 万左右人口总规模；深圳市人口从改革开放之初的 30 万人窜升到近 900 万人。2012 年，北京市、上海市、深圳市常住人口分别达到 2069.3 万人、2380.43 万人和约 1050 万人（2011 年为 1046.74 万人）。伴随大城市人口规模增长，城市用地也迅速扩大。

大都市连绵区逐步成长壮大。长江三角洲、珠江三角洲、京津冀、厦泉漳闽南三角地凭借区位、资源和产业优势，已达较高城市化水平，形成城市发展相对集中的城市群或都市圈。在东部沿海地区密集的城市群，聚集庞大的城市人口和经济总量，已成为中国经济发展核心。2008 年京津冀、长江三角洲和珠江三角洲三大都市圈地级及以上城市地区生产总值（包括市辖县）106242.6 亿元，占全国地级及以上城市地区生产总值（包括市辖县）的 33%；其中，长江三角洲城市地区生产总值 53956 亿元，珠江三角洲城市地区生产总值 29745.6 亿元，京津冀城市地区生产总值 22541 亿元，分别占全国地级及以上城市地区生产总值（包括市辖县）的 16.7%、9.2%和 7%。2008 年长江三角洲、珠江三角洲和京津冀地级及以上城市人均地区生产总值（包括市辖县）分别为 56566 元、56000 元和 37494 元。此外，山东半岛城市群、辽中南城市群、中原城市群、长江中游城市群、海峡西岸城市群、川渝城市群和关中城市群也开始初露端倪。

四、未来中国的城市化

中国为避免城市过大带来的种种问题，一直强调城镇化的发展道路，也即中小城市的发展道路。国际上，在墨西哥城、里约热内卢、新德里、曼谷、孟买、加尔各答等发展中国家的大城市，由于城市化进程快于工业化进程，失业人口大量增加，贫民窟（slumdog）大片出现。在孟买、加尔各答、曼谷等人口超过 1000 万的大城市，有 1/3 到 1/2 人口住在贫民窟。其中拥有 1600 万人口的印度最大城市孟买，贫民窟人口达到 1100 万，占到该市总人口的 2/3。孟买最大的贫民窟达拉维，也是全球仅次于南非索韦托的第二大贫民窟，竟然居住着60万到100万居民，虽然约有1.5万家庭手工业作坊在此生根发芽，供人维持生计。这些国家城市发展的景象是中国所不愿意看到的。鉴于中国城市尤其是大城市普遍存在的教育、医疗等公共服务紧张状况，以及公共交通、环境污染和社会治安等问题，2012年年底召开的中央经济工作会议把城镇化单独论述，并列为2013年经济工作的主要任务之一。

我们强调的新型城镇化，是以人为核心的城镇化。现在大约有2.6亿农民工，使他们中有愿望的人逐步融入城市，是一个长期复杂的过程，要有就业支撑，有服务保障。而且城镇化也不能靠摊大饼，还是要大、中、小城市协调发展，东、中、西部地区因地制宜地推进。还要注意防止城市病，不能一边是高楼林立，一边是棚户连片。本届政府下决心要再改造一千万户以上各类棚户区，这既是解决城市内部的二元结构，也是降低城镇化的门槛。尤为重要的是，新型城镇化必须和农业现代化相辅相成，要保住耕地红线，保障粮食安全，保护农民利益。

可以想见，中国未来几年，将在城镇化发展发展方面进行大力投资。但历史地看，中国城镇化是中期的，城市化才是长期的。城市化作为长期的发展规律，就是说，在人口和资源实现向城镇的集聚之后，仍将继续向城市集聚，以进一步产生规模效益、分工深化和外部经济性。这种长期性，使得城市化要比城镇化更为根本，换言之，是城市化带动农村发展，带动城镇化，而不是相反。

未来，中国城市化仍将继续推进。根据《中华人民共和国国民经济和社会发展第十二个五年规划纲要》，按照主体功能区布局，构建以陆桥通道、沿长江通道为两条横轴，以沿海、京哈京广、包昆通道为三条纵轴，以轴线上若干城市群为依托、其他城市化地区和城市为重要组成部分的城市化战略格局，促进经济增长和市场空间由东向西、由南向北拓展（图3—1）。主要城市化地区包括：哈长地区、环渤海地区、东陇海地区、中原经济区、皖江城市带、长江三角洲地区、长江中游地区、海峡西岸经济区、珠江三角洲地区、北部湾地区、黔中地区、滇中地区、成渝地区、藏中南地区、冀中南地区、太原城市群、呼包鄂榆地区、关中-天水地区、宁夏沿黄经济区、兰州-西宁地区、天山北坡地区。

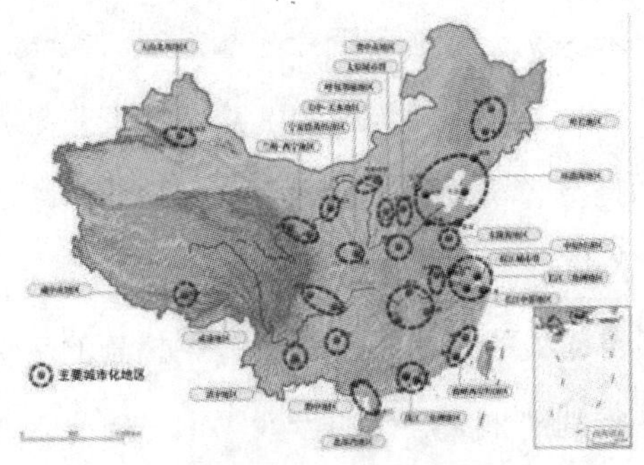

图 3-1 “两横三纵”城市化战略格局示意图

资料来源：《中华人民共和国国民经济和社会发展第十二个五年规划纲要》，2011 年 3 月。

大城市继续增长，城市规模继续扩大。2030 年，中国将出现人口超过 2000 万甚至 3000 万的巨型城市，这些城市包括北京、上海、广州、深圳、天津、武汉、重庆和成都。长江三角洲、珠江三角洲、京津唐和辽中南地区的城市群仍将继续集聚。

五、城市化的投资选择

城市化不仅带来人流、物流、资金流和信息流集聚，而且意味着巨大的基础设施、公共设施等城市建设投资。这些投资带来各类建筑材料进而原材料需求的增加是毋庸置疑的，因此中国城镇化战略的提出，屡屡成为刺激国际大宗商品价格走高的重要题材。

在中国推出城镇化战略之后，投资者首先想到的房地产。城镇化确实会产生对商品住房和其他相关产品的巨大需求，但笔者并不建议投资房地产。主要原因在于，一是目前中国房地产存量并不小，甚至存在过剩。城镇化自然会增加房地产投资，但在供给增加的同时，需求却未必能够超过供给增长。理论上，考虑房地产空置率因素，需求增长必须超过供给增长，房地产价格才有上涨可能。二是政策限制。鉴于房价问题成为日益严重的社会问题，中国政府已经并将继续通过在房地产交易、持有等环节增加税收来提高成本，抑制房价上涨。三是老龄化。随着中国老龄化社会日趋形成，房地产空置因素就会日益凸显。当然，由于城市化要比城镇化更具长期性，大城市房地产具有长期价值，但这并不表明房地产股票具有整体的投资机会。

撇开信息化、绿色建筑等在其他章节阐述的产业，投资者可以关注以下投资机会：

1. 轨道交通建设。城镇基础设施建设是城镇化最重要的投资，其中交通需求升级尤显重要。从长远来看，城市轨道交通建设是一国经济发展到一定阶段的内在需求。城市化进程中所带来的城市问题是驱动主因。中国将成为世界最大的城市轨道交通建设市场。投资者可以关注相关上市公司。

2. 配电网建设。电力系统由发电、输电和配电三部分组成，配电网是其中一部分。长期以来，配电网建设未得到应有重视，建设资金短缺，设备技术性能落后，事故频繁发生。随着电力发展和电力市场建立，配电网作为薄弱环节日益突出，与电网建设不相协调，越来越不适应城市发展要求。在城镇化带来电力设施更新和升级背景下，配电网建设日益受到重视，国家电网公司和南方电网公司的配电网投资增速均大幅超过电网投资。随着配电自动化持续开工建设，配电投资还将维持较高规模。在降低配网线损率、提高智能化程度、改善供电质量、优化电网综合能效等方面，配电网建设都将释放大量投资机会。投资者可关注相关上市公司。

3. 公共事业。城镇化带来对公共事业的巨大需求，但有些资源并非仅靠投资可以解决。以水资源为例，北方地区缺水严重，有 9 个省市人均水资源不到 500 立方米，实属少水地区。目前，中国内地现有的 661 座城市中，约有 600 座城市供水不足，420 多座城市缺水，110 座城市严重缺水，30 座特大城市长期缺水。此外，约有 1/3 城市联结城镇的交通，在进出城时出现高峰时段的拥堵。随着城镇用水用电需求增加，政府不得不通过大规模的资源转移、长距离的油气调运，来解决日益紧张的资源和能源依赖。供水供气、电力等公共事业公司作为行业垄断者，将具有长期投资机会。其中，供水企业尤其值得关注。水是人类和动植物不可或缺、不可替代的资源，是城市的生命，历史上有许多城市都因水源枯竭而消亡。近年来水资源危机日益为全球所重视，水资源在城市化进程中的作用至关重要。投资者可以关注相关上市公司。

4. 连锁商业。在城镇化过程中，传统消费中的商业连锁企业最可能取得爆发性增长。想当年，1962 年成立于阿肯色州的沃尔玛，不正是从美国的中小城市走向世界，成为全球第一吗？投资者可以关注相关上市公司。

在上述上市公司中，笔者重点关注晋西车轴（600495）、北方创业（600967）、国电南瑞（600406）、积成电子（002339）、江南水务（601199）、中山公用（000685）、友阿股份（002277）、步步高（002251）。

表 3-1 重点关注股票之二（2012 年数据）

股票名称	股票代码	流通股/总股本（亿股）	每股收益（元）	每股资本公积金（元）	加权净资产收益率（%）	行业
晋西车轴	600495	3.02/3.02	0.4	2.66	7.92	铁路、船舶、航空航天和其他运输设备制造业
国电南瑞	600406	15.8/15.8	0.30※	0.01	15.36※	软件和信息技术服务业
积成电子	002339	1.09/1.89	0.6	2.64	11.52	电气机械和器材制造业
江南水务	601199	0.80/2.34	0.43※	4.67	5.99※	水的生产和供应
中山公用	000685	6.55/7.80	0.39※	0.72※	5.24※	水的生产和供应
友阿股份	002277	5.59/5.59	0.67	1.1	18.11	零售业
步步高	002251	2.70/2.70	1.27	2.87	18.66	零售业

备注：见本书第二章章末表 2-1。

资料来源：作者自行编制。

第四章
中国经济服务化趋势

伎巧则惊人耳目，侈奢则长人精神。

——北宋·孟元老《东京梦华录·序》

一、工业化带来中国经济巨大发展

工业化指一个国家和地区国民经济中，工业生产活动取得主导地位的发展过程。工业化始于18世纪60年代英国的工业革命，最初只是自发的社会现象。当以大规模机器生产为特征的工业生产活动向原有生产方式和狭小的地方市场提出挑战，老的生产方式已无法满足日益增长的市场容量需求的时候，更大范围的工业活动就成为必须，于是工业化开始了。同时，资本积累和科学技术发展也为工业化发展奠定了基础。

当大量产品通过更高效率生产出来的时候，工业化就成为一个国家或地区走向富裕的必然道路，成为落后国家改变落后面貌的必然选择。20世纪以来，特别是第二次世界大战后，工业化逐渐成为世界各国经济发展的目标。工业化的领地越来越大。伴随资本无孔不入的渗透，工业化逐渐成为一种全球现象。在全球化过程中，在跨国公司主导下，产业分工也在工业化中日益明显地体现出来，最终形成发达国家占据高附加值的产业链高端，而发展中国家尤其落后国家占据低附加值的产业链低端的分工格局。

工业化发展，对人类社会进步既有积极作用，也有消极影响。伴随大规模工业化而产生的日益严重的大气、海洋和陆地水体等环境污染，大量土地被占用，水土流失和沙漠化加剧等，对社会、自然、生态造成巨大破坏，甚至危及人类自身生存，迫使各国对工业化发展进行某种限制和改造。工业文明带来的全球气候变暖，更成为一个攸关人类未来发展的巨大问题，越来越多地为世人瞩目。

中国是个历史悠久的农业大国。在工业革命发生之后的很长时间，农业文明仍居主导地位。在新中国成立之前，中国工业的基础仍然非常薄弱，规模很小。

新中国成立后，中国逐渐开始工业化道路。特别是 1978 年的引进高潮，更让中国工业第三次有了来自国际先进水平的助力。

工业化的快速发展始于改革开放。随着资金、人才、技术和制度由沿海向内地扩散，尤其是 2001 年加入 WTO 之后，中国快速融入世界，面向全球市场的庞大工业体系得以形成和完善。在全球经济和贸易快速发展的背景下，中国制造业低成本优势得到充分发挥，带来了中国在全球贸易量比重的上升。在加入 WTO 之前，中国贸易总量仅占全球贸易量的 4%，而 2009 年中国在世界货物贸易出口排行榜上首次跃居榜首，2010 年再次蝉联第一，当年出口货物量占全球总量的 10.4%；中国经济增长和人民收入水平提高，也为中国进口提供了需求。2010 年中国在货物进口贸易排行榜上也连续保持位居第二，货物进口量也从上年所占世界总量的 8%攀升至 9.1%，进口总量同比增长 39%，快于同期出口增长率 31%。WTO 内部统计数据显示，2001 年到 2010 年间，中国从全球各国进口的各类商品总价值达 7.45 万亿美元，创下年均增长 20%的纪录。在此期间，美国向中国出口的商品总额增长了 400%。中国巨大的国内市场不仅为发达经济体创造了出口机遇，同时也为世界上最不发达经济体（LDCs）提供了众多商品的出口机会。特别是 2008 年以后，中国连续 3 年成为最不发达国家的全球最大出口市场[26]。

基于中国制造业的成本优势和逐渐形成的自主创新能力，中国制造走向全球。1950 年中国进出口总值占世界进出口总额的 0.9%，到 2008 年达到 8%以上。其中，中国出口总值在 1950 年全球排名列第 27 位，经过 30 年徘徊，1980 年升至第 26 位，此后直线上升，1990 年列第 15 位，2001 年列第 6 位，2004—2006 年稳居第 3 位，2007—2008 年上升到第 2 位，成为全球重要的制造业加工生产基地[27]。2012 年前三季度，中国出口占全球贸易份额增加至 11.1%，比 2011 年提高 0.6 个百分点[28]。

对外贸易依存度作为经济开放度的主要指标之一，反映了中国经济通过对外贸易与整个世界经济发生联系的程度。以商品贸易依存度衡量，改革开放以来，中国对外贸易依存度总体上升，且升幅远逾世界平均水平。1978 年世界平均的贸易依存度为 29.27%，而中国仅为 14.23%，不及世界平均水平的一半。到 2009 年，中国贸易依存度比 1978 年大幅提高 211%，达到 44.27%，而世界平均贸易依存度仅上升 42.3%，达到 41.81%，中国外贸依存度高于世界平均水平。2002 年以后，中国的贸易依存度始终高于世界平均水平[29]。“入世”后的前 5 年，中国对外贸易快速发展，外贸依存度不断上升。2003 年中国外贸依存度首次超过 50%，达到 51.9%，2006 年达到 67%，较 2001 年提升 28.5 个百分点；此后平稳回落，但基本在 50%以上。2011 年中国进出口外贸依存度为 50.1%，较 2006 年有较大幅度下降。而同期美国、日本、印度和巴西这 4 国的外贸依存度在 30%左右，法国、英国、意大利和俄罗斯这 4 国低于 50%[30]，中国对外依存度仍处较高水平。

工业化快速发展让中国工业总体规模大幅提升，综合实力不断增强，为确立中国经济大国地位、增强国家综合实力提供了强有力支撑[31]。工业占国内生产总值的比重保持在 40%左右，对国民经济增长的贡献率超过 45%。2011 年，规模以上工业主营业务收入达到 84.2 万亿元，比 2002 年增长 6.7 倍。中国在全球制造业中的影响力不断提升，初步确立了制造业大国地位。据中国社科院相关资料，在 22 个大类中，中国在 7 个大类中名列第一，在世界 500 种主要工业品中，中国有 220 种产品产量居全球第一位，其中粗钢、电解铝、水泥、精炼铜、船舶、计算机、空调、冰箱等产品产量都超过世界总产量的一半。据德勤和美国竞争力委员会发布的《2010 全球制造业竞争力指数》报告，2010 年中国制造业竞争力指数在被评的 26 个国家中排名第一[32]。2010 年中国制造业产出占世界的比重为 19.8%，超过美国成为全球制造业第一大国；2012 年中国大陆企业进入世界 500 强达 73 家（含香港），比 2002 年增加 62 家，总数位列美国之后居世界第二位。

伴随工业化快速发展，中国经济迅速崛起。1978—2010 年年均增长 10% 的速度，使得中国经济总量连续跨越新台阶。2011 年，中国国内生产总值达到 47.2 万亿元，扣除价格因素，比 2002 年增长 1.5 倍。经济总量居世界位次稳步提升。2008 年国内生产总值超过德国，居世界第三位；2010 年超过日本，居世界第二位，成为仅次于美国的世界第二大经济体。中国经济增长对世界经济的贡献不断提高，特别是 2008 年下半年国际金融危机爆发以来，在世界主要经济体增长明显放缓甚至面临衰退时，中国经济依然保持了相当高的增速并率先回升，成为带动世界经济复苏的重要引擎。中国经济总量占世界的份额由 2002 年的 4.4%提高到 2011 年的 10%左右，对世界经济增长的贡献率超过 20%[33]。

经过多年发展，中国制造业已从中下游向中游演进。制造业是按照市场要求，通过制造过程，将制造资源（物料、能源、设备、工具、资金、技术、信息和人力等）转化为可供人们使用和利用的工业品与生活消费品的行业，是扣除采掘行业、公用行业后的工业部门，是工业的核心。如果把世界产品的附加值和结构分成高、中、低三档，那么中国出口产品主要是中端的。因为 70%以上出口产品是机电产品，超过 60%的出口商品是跨国公司利用先进技术在中国制造的产品，所以不能算低端。20%多是服装、鞋帽、箱包等劳动密集产品，在世界同类产品中也处于低端往中端走，个别已走向高端。

尽管如此，与发达国家相比，中国出口产品大多数仍是技术含量低、单价低、附加值低的“三低”产品。根据 2010 年的数据，中国制造业占全球比重达到19.8%，但制造业研发投入仅占世界制造业研发投入不到3%。中国制造业劳动生产率、增加值率较低，约为美国的4.38%、日本的4.37%和德国的5.56%。中国制造业在质量上与发达国家仍存在差距。从中间投入贡献系数来看，发达国家1个单位价值的中间投入大致可以得到1个单位或更多的新创造价值，而中国只能得到0.56个单位的新创造价值，价值创造能力相差巨大㉞。

与此同时，低成本所衍生出来的高资本回报率的比较优势正在丧失。劳动力市场供求的总量变化和结构变化，正在推升制造业的人力成本。快速收窄的工资差距成为促进美国“制造业本土化”以及制造业企业外迁越南、印度等周边国家乃至墨西哥等南美地区的重要因素。上述差距为中国制造业走向高端增添了压力和动力。

中国制造业在层次和效益方面都不能与美国、德国、日本等制造业强国相提并论。美国、日本和德国是世界上制造业最发达的制造大国，也是先进制造业发展最快的国家。三国的制造业增加值，长期高居世界前三位，直到最近为中国超越。但美国仍是世界上制造业最具竞争实力的经济体。除了金融、汽车、房地产等少数产业被重新洗牌外，美国的航空航天、电子信息技术、生物科技、新材料等高端制造业领域仍然具有非常强大的竞争优势。美国制造业处于全球产业链的最高端，在智能制造、科技研发等领域处于绝对优势，在中低端领域由于受到劳动力成本等因素的制约，优势明显下降。美国总统奥巴马提出“美国要重回制造业时代”，“今后美国经济要转向可持续的增长模式，即出口推动型增长和制造业增长”，并不意味着美国已失去制造业强国地位。

考虑到日、德等占据全球制造业的高端，美、英等占据全球生产性服务业的高端，同时基于中国制造业的现有优势，中国在高端制造业领域与日德争锋、在高端生产性服务业领域与美英争锋尚需时日的现实，未来中国最具备竞争力的领域很可能在中端和部分高端的制造业和生产性服务业，即具备中等和高级技术水平、在全球产业分工链条上处于中高端的产业集群。但要做到这一点，调整和优化产业结构，实现经济发展方式的转变，实现自主创新能力和可持续发展能力的双重提升，都是提升中国制造业水平和竞争力必不可少的重要途径。

但另一方面，基于欧美日在高端制造业的固有优势，以及中国庞大的劳动力人口，高端制造业并非中国制造业的唯一方向。中低端的制造业仍将占有很大比重。而中国庞大的国内市场为中国制造业尤其中低端制造业提供了需求支撑。庞大的中国市场需求和中国制造，如能实现良性互动，将成为支撑中国未来发展的决定性因素。

二、服务化主导中国未来

当工业化进行到一定阶段的时候，服务化就开始发挥越来越重要的作用，最终成为经济发展的主导力量。

服务化是资本、劳动力和技术等生产要素从农业、制造业向服务业转移的过程，是经济发展到一定阶段的产物。在此过程中，服务业首先伴随制造业的发展而发展，其中生产性服务业的发展支持着制造业产品的生产、加工和销售。制造业和生产性服务业发展带来人均收入水平提高，由此产生的消费需求又促进生活性服务业加快发展。当服务业的市场容量达到一定规模之后，就形成分工深化、自我增强的发展机制，为制造业、采掘业、建筑业和农业注入更高级、更高效的生产性服务要素。

产业结构服务化是服务化最重要的体现。产业结构是指各产业的构成及各产业间的联系和比例关系。世界各国产业分类的方法很多，有三次产业分类法、标准产业分类法、生产结构分类法以及按资源密集度所进行的分类等。就研究产业结构而言，三次产业分类法是最常见的产业分类法。其中，第一产业（the primary industry）又称第一次产业，通常指产品直接取自自然界的产业部门，具体是指以利用自然力为主，生产不必经过深度加工即可消费的产品或工业原料部门，一般包括农业、林业、渔业、畜牧业和采集业，因此也称广义农业；第二产业（the second industry）又称第二次产业，是把初级产品加工成为满足人类生产生活进一步需要的物质资料的产业，包括工业和建筑业，工业又包括制造业、采掘业和公用事业（自来水、电力蒸汽、热水、煤气），由于以工业为主，因此也称广义工业；第三产业（the tertiary industry）是为生产和消费提供各种服务的部门，可分为流通和服务两大部门，也称广义服务业。第一、第二、第三产业，大体反映了人类生活需要、社会分工和经济发展的不同阶段，基本反映了有史以来人类生产活动的历史顺序，以及社会生产结构与需求结构间的相互关系。

产业结构服务化作为经济发展的重要趋势，受到诸多理论和经验数据的支持。早在1940年，英国经济学家科林·克拉克（Colin Clark，1905—1989）通过计量和比较，印证了威廉·佩蒂（William Petty，1623—1687）在1691年提出的关于收入与劳动力流动之间关系的理论。这个后来冠名为佩蒂-克拉克定理的理论指出，随着经济发展，人均国民收入水平提高，劳动力在三次产业中的比重，表现出由第一次产业向第二次产业、再向第三次产业转移的趋势。1966年，在佩蒂-克拉克定理的基础上，美国经济学家西蒙·库茨涅兹（Simon Kuznets，1901—1985）在《现代经济增长》一书中，将各产业部门在国民收入中所占比重的变化与劳动力所占比重的变化结合起来，阐述了如下研究结论：农业部门的产值比重和劳动力比重呈下降趋势；工业部门产值比重总体是上升的，但劳动力比重大体不变或略有上升；服务部门的劳动力比重是上升的，但产值比重大体不变或略有上升。同时，他还指出，就业结构与产值结构的变动幅度并不完全一致。1996 年，霍利斯·B.钱纳里（Hollis B. Chenery，1918—1994）使用库兹涅茨方法处理 101 个国家在 1950—1970 年的统计资料后，得出产业结构变动的“国际标准结构”。该结构显示：总结构变化的 75%~80%发生在人均 GDP100~1000 美元的发展区间，其中最重要的积累过程和资源配置过程都将发生显著、深刻的变化。

其他统计数据也证实了产业结构的服务化趋势。世界银行《2009 世界发展指数》的数据显示，在各个不同发展水平的国家中，中等收入国家经济由于处于工业化阶段，其工业增加值和制造业增加值占 GDP 的比例最高，2007 年两者分别为 37%和 19%，表明在不同发展阶段，产业结构服务化趋势确实是存在的。

在中国，产业结构服务化进程启动始于改革开放，但进展较为缓慢，第二产业长期占据主导地位。从各产业增加值占 GDP 的比重来看，1978-2012 年，第一产业从 28.2%降至 10.09%，第二产业从 47.9%降至 45.31%，服务业从 23.9%升至 44.6%。现代经济结构特征日趋明显。但 2002 年以后，第一产业比重从 2002 年的 13.7%降至 2012 年的 10.09%；第二产业比重从 2002 年的 44.8%升至 2012 年的 45.31%；第三产业比重从 2002 年的 41.5%升至 2012 年的 44.6%，第二产业比重还有提高，表明中国经济仍处于工业化进程中。

由于中国外贸依存度很高，中国第二产业（包括工业和建筑业）增长率与第三产业增长率具有不同的特点，即第二产业增长易受国际市场需求的影响，具有较大波动性；而第三产业增长主要面向国内市场，因此较为稳定。2002 年之后，第二产业比重之所以略有提高，就是因为中国加入 WTO 后，全球经济景气，需求旺盛带来全球化红利，使得中国出口增长较快，进而带动第二产业较快增长。在第一产业比重稳定或者下降的情况下，第二产业增长率超过第三产业增长率，就会导致第二产业比重上升。一旦国际市场低迷，出口增长率下降，第二产业增长率低于第三产业增长率，第三产业就会“水落石出”，比重出现上升。2008 年全球金融危机以后，国外需求下降，导致中国出口下降，中国出口导向型的模式遭遇瓶颈，第二产业增长率下降，低于第三产业增长率，第三产业比重随之上升。统计数据显示，2008 年以后，受国际市场低迷影响，第二产业增速下降，产业结构服务化趋势日益明显。2008—2012 年，第二产业增长率分别为 9.5%、9.5%、12.2%、10.6%、8.1%，第三产业增长率分别为 9.3%、8.9%、9.5%、8.9%、8.1%，二者差距趋于减小。三次产业结构由 2008 年的 11.3:48.6:40:1 转变为 2012 年的 10.1:45.3:44.6，第二产业与第三产业比重已势均力敌。

第三产业是广义服务业，生产的是服务产品。服务产品具有非实物性、不可储存性和生产与消费同时性等特征。根据国家统计局 1985 年发布的《关于建立第三产业统计的报告》，第三产业包括流通和服务两大部门，具体分为四个层次：第一个层次是流通部门，包括交通运输业、邮电通讯业、商业饮食业、物资供销和仓储业；第二个层次是为生产和生活服务的部门，包括金融业、保险业、公用事业、居民服务业、旅游业、咨询信息服务业和各类技术服务业等；第三个层次是为提高科学文化水平和居民素质服务的部门，包括教育、文化、广播电视事业，科研事业，生活福利事业等；第四个层次是为社会公共需要服务的部门，包括国家机关、社会团体以及军队和警察等。在国家统计局的《国民经济行业分类》（GB/T 4754—2002）中，第三产业包括 15 个门类 47 个大类，是分类最多的产业。

从世界各国服务业发展的历史过程分析，服务业发展主要经历三个时期，一是前工业化时期，传统服务业占 GDP 比重快速增长。此时，农业发展进入末期，工业发展还未成型，传统服务业发展较快。二是工业化中期，服务业占 GDP 比重相对停滞阶段。此时，工业快速发展，服务业处于从传统向现代转化的时期，发展相对迟缓。三是工业化后期及后工业化时期，现代服务业占 GDP 比重快速增长阶段。现代服务业在工业化后期开始启动，在后工业化时期快速发展。

2012 年，中国人均 GDP 已超过 6000 美元。综合考虑人均收入水平、三次产业结构、就业结构、城市化水平等因素，中国工业化逐渐进入中期向后期过渡的阶段。在中期阶段，服务业占 GDP 比重相对停滞，这在 2008 年之前，第二产业比重还略有提高上面就得到反映。2008 年后，受国际市场低迷影响，第二产业增速下降，产业结构服务化趋势日益明显。未来几年，全球经济仍将缓慢复苏，中国制造业发展日益受制于成本上升，与此同时，周边国家乃至发达国家都在吸引制造业投资，中国制造业增长率将趋于继续下降，第二产业比重趋于下降，产业结构服务化趋势将得以延续，工业化后期的特征日益明显。2012 年，第二产业比重已与第三产业比重趋于一致，分别为 45.3%和 44.6%（图 4-1）。按此趋势，第三产业比重可能在 2013 年超过第二产业比重，第三产业逐渐占据主导地位。服务化将越来越取代工业化，主导中国未来发展。

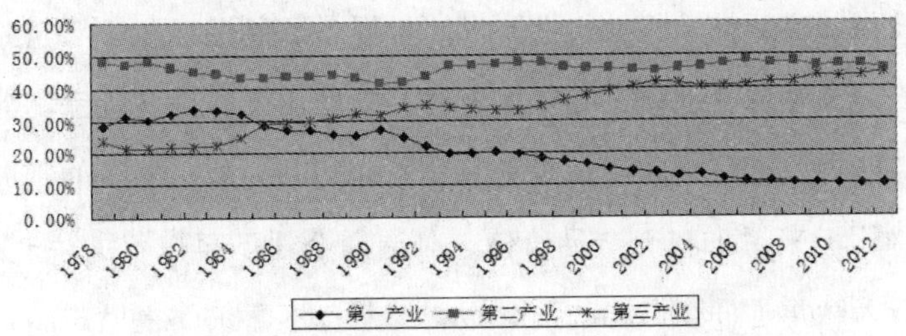

图 4-1　1978—2012 年中国三次产业结构
资料来源：根据国家统计局的三次产业数据绘制。

三、中国制造业服务化趋势

制造业服务化（servitization of manufacturing）是服务化的另一重要体现。在产业链上，制造业服务化体现为价值创造由产业链中间的制造环节向两端的服务环节转移的过程；在投入要素上，制造业服务化体现在制造业发展主要依赖于技术、知识和人力资本等服务型投入，现代服务业尤其是现代生产服务业成为产业竞争力基础。

制造业服务化的根本目的在于提高产品附加值。正如“微笑曲线”所揭示的，在现代产业的价值链中，附加值更多体现在两端高附加值的设计和销售环节，处于中间环节的制造附加值较低。将传统制造环节向两端延伸，开展专业服务活动，目的在于提高产品附加值。随着以产品制造为中心的制造业向服务增值延伸，制造业结构也从以产品为中心向以提供产品和增值服务为中心转变，成为制造业高级化发展的重要标志。

制造业服务化是当今世界制造业的发展趋势之一。近几十年来，在过剩经济发展、高新技术行业特性要求、世界各国制造业竞争、企业提升竞争力要求以及差异化战略实施等因素的共同作用下，企业竞争优势不断变迁，服务能力提升日益成为企业竞争优势的基础。越来越多的制造业企业通过提供服务来增加核心产品价值。制造商企业不再仅仅关注产品生产，而是将行为触角延伸至产品的整个生命周期；不再仅仅提供产品，而是提供产品、服务、支持、自我服务和知识的“集合体”，企业角色由物品提供者向服务提供者转变。

制造业服务化首先表现为服务环节在制造业价值链中的作用越来越大。20世纪后期以来，经济领域的革命性变化之一，就是制造业与服务业融合发展，许多传统制造企业以卖服务取代卖产品，将服务视为创造差异化优势的工具。它们通过在产品基础衍生服务来实现价值链延伸，并将服务作为更重要的产出，更好地体现客户导向，优化商业运营模式。越来越多的制造企业不再仅仅关注产品生产，而是将注意力逐步转移到产品开发、改进、销售、售后服务以及回收等领域，并以提供产品、服务、支持、自我服务和知识的“集合体”为最终目标。德勤公司研究报告《基于全球服务业和零件管理调研》表明，在其调查的80家制造业公司中，服务收入占总销售收入的平均值超过25%；有19%的制造业公司的服务收入超过总收入的50%。

正由于服务环节的作用越来越大，制造业服务化已成为引领制造业产业升级和保持可持续发展的重要力量。国际商业机器公司（IBM）、通用电气公司（GE）、耐克（NIKE）、罗尔斯-罗伊斯航空发动机公司（ROLLS-ROYCE）、米其林轮胎等许多知名的跨国企业集团，都已成功实现传统制造商向集成服务提供商的转型。比如，IBM曾经只是硬件制造商，经过十余年业务整合，包括将其个人电脑硬件制造业务出售给中国联想等企业，已成功转型为全球最大的“提供硬件、网络和软件服务的整体解决方案供应商”，专注于IT服务。

伴随制造企业由“以生产为中心”向“以服务为中心”转型，服务型制造和现代制造服务业应运而生。其中，服务型制造是企业为了实现制造价值链中各利益相关者的价值增值，通过产品和服务融合、客户全程参与、企业相互提供生产性服务和服务性生产，实现分散化制造资源的整合和各自核心竞争力的高度协同，达到高效创新的制造模式；现代制造服务业是围绕制造业生产过程、直接或间接为生产过程提供中间服务的服务产业。由于越来越多制造企业由关注产品生产转向包括研发、生产制造、销售、售后服务在内的商品价值链，传统意义上的制造业与服务业边界日益模糊。

与此同时，服务类型也在逐步多元化。根据对全球上市公司财务分析库（OSIRIS）中排名前50位的制造业企业的分析，这些制造业企业所提供的服务类型包括咨询服务、设计和开发服务、金融服务、安装和实施服务、租赁服务、维护和支持服务、外包服务和运营服务、采购服务、知识产权和房地产、零售和分销服务、系统和解决方案、客运和货运服务12种，其中以设计和开发（21.92%）、系统和解决方案（15.70%）、零售和分销（12.18%）、维护和支持（11.94%）服务最为常见[35]。

通过"服务外包"或"服务剥离"，制造业服务化最重要的表现在于生产性服务业发展。生产性服务业（producer services）最早由美国经济学家H·格林菲尔德（H.Greenfield）在1966年提出，是指直接或间接为生产过程提供中间服务的服务性产业，是面向生产者的服务产业，即可用于商品和服务的进一步生产的非最终消费服务，也可称为"中间投入服务"或"配套服务"。虽然各国划分标准不一，但普遍认为交通运输、现代物流、金融服务、技术研究与开发、信息服务和商务服务等行业是生产性服务业主体，并成为现代服务业的核心组成部分。制造业企业将企业采购、销售、开发、设计、策划，以及后勤服务、现场管理等加以分离，分离发展服务业，可以形成高度的专业化和社会化生产经营。发达国家的服务业比重之所以高，一个重要原因在于整个经济社会具有高度社会化和专业化水平，制造业企业已很少有服务业方面的资源安排。

生产性服务业发展促进了产业结构服务化过程。在产业结构服务化过程中，有部分服务业即来自于制造业服务化所带来的生产性服务业发展。这些服务本来是在企业内部针对产品制造而配套的，包括设计、人力资源管理、会计、法律、金融等，后来为降低成本等，许多制造企业通过服务外包或者分立，将产前、产中或产后的内部服务独立出来，转由其他企业完成。这一转变促使提供生产服务的生产性服务业专门企业迅速发展，发展速度大大超过生活性服务业（consumer services）。这些企业提供从技术产品研发、软硬件开发，到人员选聘与培训、管理咨询、金融支持、物流服务、市场营销和售后服务等全过程的服务链，推动了第三产业迅速发展，成为新的经济增长点。而大型制造业企业通过企业分立或者外包分离服务业业务，专业化发展现代制造服务业，在企业内部有利于降低交易成本，在国民经济体系中有利于做强做大现代服务业，优化产业结构，推进制造业和服务业互动、融合发展。

在中国，与产业结构中服务化程度低相一致，制造业服务化程度远低于欧美国家。2010 年，调查公司 Andy Neely 对全球 13000 家制造业上市公司提供服务的研究结果表明，发达国家制造业服务化的水平明显高于正处工业化进程中的国家。美国制造与服务融合型的企业占制造企业总数的 58%，芬兰、马来西亚、荷兰和比利时分别为 51%、45%、40%、37%，而中国具备服务型制造业能力的企业仅占所有企业的 2.2%[36]。这是中国制造业发展长期处于价值链低端的重要原因。这导致了近年来中国制造业企业分离发展现代服务业的兴起。

在中国，制造业企业分离发展现代服务业不仅是市场的选择，而且也是中国现行体制的产物。按照中国现有统计制度，一家企业只能归属于一个行业，因此一家制造业企业中的服务业业务，只能归属于制造业而不是服务业加以统计；但在优化产业结构的前提下，中国及其各地的“十一五”、“十二五”规划都提出了产业结构的发展目标。这些发展目标的普遍特点是降低第二产业比重、提高第三产业比重，而中国东部地区往往是国内外商品输出地，制造业比较发达，第二产业比重较高。降低第二产业比重、提高第三产业比重，实现预定的产业结构目标，往往面临巨大压力。产业结构目标自上而下的任务分解，进一步加大了地方政府的压力。推动制造业企业分离发展现代服务业，通过企业分立突破现有统计制度的局限，有利于地方政府实现产业结构目标。

虽然如此，发展生产性服务业仍然有利于推动制造业转型升级，提升中国制造业竞争力。改革开放以来，凭借惊人的市场制造能力和不断涌现的新产品，“中国制造”迅速崛起，成为全球经济不可或缺的一部分。2010 年中国在全球制造业产值中的比重上升到 19.8%，超过美国的 19.4%，成为世界制造业第一大国。但中国不是制造业强国，“中国制造”的崛起更多地是依赖于低廉劳动力成本优势，很多制造企业处在产业链低端环节。大量制造业企业处于产业链底层，从事高消耗、低附加值产品的生产，技术创新能力仍然薄弱，制造业层次和质量都有待提高。随着劳动力和商务成本上升、人民币持续升值、国外贸易壁垒日渐增多，“中国制造”瓶颈日益严重，转型升级势在必然。通过价值链后端的服务环节，与资源优势、技术优势、渠道优势和品牌优势共同提升产业竞争力，生产性服务业作为独立的生产部门，既是催生中国制造业转型升级的最重要动力，也是部分制造企业“华丽转身”的重要方向。围绕制造业大力发展生产性服务业，促进制造业转型升级和竞争力提升，在分工、融合、互动中实现现代制造业与生产性服务业的“双轮驱动”将是中国经济发展战略重要的、长期的选择。

四、现代服务业的发展

服务业历史悠久，餐馆、酒店、理发、娱乐等传统服务业都有几千年的历史。伴随技术和制度创新，当信息技术和现代管理渗透到传统服务业的时候，传统服务业就向现代服务业转变。与此同时，新的技术和消费趋向也在激发新兴服务业兴起，为现代服务业增添新的行业和业态。伴随技术发展而产生的新兴服务业态，以及运用现代技术对传统服务业的改造和提升，最终带来现代服务业的繁荣发展。

现代服务业是信息技术等新兴技术和现代化管理的产物，是以现代科学技术特别是信息网络技术为主要支撑，建立在新的商业模式、服务方式和管理方法基础上，信息和知识相对密集的服务业。技术基础和微观管理基础是现代服务业与传统服务业在表征方面的主要区别。信息技术和现代化管理在服务行业中的运用，改变了服务产品的生产组织形式和传递方式，进而改变了服务产品原有的低附加值、生产消费同时性、低规模经济性等诸多特性，缩小了服务产品与工业品间的差异。

和传统服务业相比，现代服务业具有一些明显特征。一是现代性和先进性。现代服务业在理念、管理和技术手段上均具有现代性和先进性。它与信息技术和现代管理的应用密不可分，在发展业态、业务模式、竞争要素等方面都对信息技术和现代管理存在不同程度的依赖，并因此形成较传统服务业更高的运行效率和更强竞争力。二是创新性。基于新技术、新应用的新服务业态和模式不断涌现，以及大量资源和信息技术的应用，使得现代服务业充满创新空间，有助于提升企业生产效率和竞争力。三是专业化。利用技术进行更精细的专业化分工，现代服务业将传统行业中企业内部组织进行的服务活动外包出去，由拥有专门人才和专业技术的服务企业和机构提供专业服务，提高服务效率和服务质量，并有效降低交易成本。四是知识经济性。现代服务业是知识经济的主体，其发展大大加快了信息流、资金流、技术流、人才流和物流，对提高国家经济整体运行效率和质量，增强国家创新能力，转变经济增长方式起到了重要作用。技术、知识和人力资本成为现代服务业最重要的资源要素。五是高附加值。现代服务业处于咨询、创意、研发、设计、销售、物流、售后服务等产业链高端环节，所提供的服务具有较高的价值含量。

现代服务业包括现代生活性服务业和现代生产性服务业。简单地说，生活性服务业就是面向最终消费者的服务业，也即平常所谓“B2B”、“C2B”模式，比如餐饮、零售等；生产性服务业是面向企业的服务业，也即平常所谓“C2C”模式，比如物流、工程设计等。按照国务院于 2012 年 12 月 1 日发布的《服务业发展“十二五”规划》，生产性服务业包括金融服务业、交通运输业、现代物流业、高技术服务业、设计咨询、科技服务业、商务服务业、电子商务、工程咨询服务业、人力资源服务业、节能环保服务业、新型业态和新兴产业；生活性服务业包括商贸服务业、文化产业、旅游业、健康服务业、法律服务业、家庭服务业、体育产业、养老服务业、房地产业。显然，金融服务、交通运输等行业，既有面向最终消费者的业务，也有面向企业的业务，之所以被归入生产性服务业，只是为了简化起见。

现代生产性服务业是现代服务业的核心组成部分。现代生产性服务业是与制造业直接相关的配套服务业，是从制造业内部生产服务部门独立发展起来的新兴产业，本身并不向消费者提供直接、独立的服务效用。它依附于制造业企业而存在，贯穿于企业生产的上游、中游和下游诸环节，以人力资本和知识资本作为主要投入品，为生产者提供知识、技术、信息等中间投入，把日益专业化的人力资本和知识资本引入制造业，是二、三产业加速融合的关键环节。按照《国民经济和社会发展第十一个五年规划纲要》，生产性服务业分为交通运输业、现代物流业、金融服务业、信息服务业和商务服务业五大类。相比传统的生活性服务业，现代生产性服务业具有“服务生产”、“以现代信息技术为支撑”和“知识密集度高”三个主要特征。

中国第三产业滞后不仅表现在第三产业比重较低，而且尤其表现在生产性服务业滞后。首先是比重较低。2010 年中国生产性服务业占全部服务业的比重只有 46%，占 GDP 比重不到 20%。发达国家生产性服务业占全部服务业的比重普遍在 60%~70%之间，生产性服务业占 GDP 比重大都在 43%左右。也就是说，中国生产性服务业占 GDP 比重还不及发达国家一半。其次是高端生产性服务业发展不足。生产性服务业逐步向现代化和高端化转型，即知识型生产性服务业比重不断上升是世界服务业发展的重要趋势。目前，中国以金融保险、研发与设计、软件和信息服务业、商务与中介为核心内容的高端生产性服务业在全部生产性服务业中只占 40%左右，占主体地位的还是交通运输、仓储业等传统的生产性服务业。这与发达国家的生产性服务业主要集中在金融、软件与信息、商务支持等领域还有很大差距[37]。由于生产性服务业大多是从制造业分离衍生出来的，但中国企业“大而全”、“小而全”的思想以及知识产权制度、信用环境不够完善，导致企业服务大量依赖内部供给，既影响了生产性服务业专业化发展，也不利于提升制造业核心竞争力。

在市场和政府双重作用下，中国生产性服务业正在加速发展。从供求两方面看，生产性服务业都已具备快速发展的条件和机会。在需求方面，中国作为世界制造基地的体量规模，产业转移和升级，都在促进制造业向“微笑曲线”两端的高端环节移动，进而衍生巨大的生产性服务业需求，产生大量技术研发、创意设计、市场调研的需求市场，同时专业化导向也导致制造业企业通过业务外包或业务剥离将服务业外部化，壮大生产性服务业规模，并造就新兴、富有潜力的生产性服务业细分市场。在供给方面，随着城市经济越来越由服务业主导，信息技术的日益普及，教育程度的日益提高，以及基础实施体系的日趋完善，服务生产、以现代信息技术为支撑和知识密集度高等现代生产性服务业的三个基本特征日益明显，中国快速发展生产性服务业的供给要素条件日趋成熟。工业化深化、制造业升级及生产性服务业的制度变革和鼓励政策，将为生产性服务业带来巨大发展空间。

生产性服务业发展将促进制造业发展，同时制造业发展也将促进生产性服务业发展。实证研究表明，制造业与生产性服务业之间存在相互作用、相互依赖、共同发展的互补性关系。制造业发展通过物流、商流、资金流、信息流扩大生产性服务业的中间投入需求，从而带动生产性服务业发展；生产性服务业是制造业生产率得以提高的前提和基础，可以从制造业生产经营各方面优化流程、改造升级。没有发达的生产性服务业，就不可能形成具有竞争力的制造业。没有坚实的制造业基础，生产性服务业也会成为空中楼阁。

以在中国制造业中占有重要地位的电子信息制造业为例，伴随成本上升、国际市场低迷以及国际市场的种种贸易和非贸易壁垒，中国电子信息制造业发展面临种种困境。与此同时，电子信息制造业又是最适于服务化的产业。电子产品都是为实现某种“功能”而生产的“工具”，因此生产企业适合通过提供“产品—服务包”的方式向提供相关“功能”的服务企业延伸。伴随信息技术发展，新产品层出不穷，这种服务化趋势日益明显。

许多新产品具有很高的技术含量，具有结构复杂、零部件多样性的特点，操作复杂，生产企业在货物出售后必须对产品进行日常维护和定期检查，而客户在使用前也须获得企业的操作指导。产品服务到位与否直接影响到客户的购买选择，进而决定企业竞争力和发展前景。服务化经营与水平是有效提升制造企业竞争力的重要途径。企业竞争优势主要体现在成本领先、差异化经营、快速反应三方面，而服务化经营是企业实现差异化竞争优势的最重要手段。通过差异化经营，提供更贴心的专门服务，能有效吸引目标群体。服务化还是中国信息服务业发展的重要来源和基础。在服务化过程中，会有许多大量服务业从制造业中衍生出来，反过来通过更专门的服务，以及与电子信息设备、电子信息终端等制造业的融合，促进电子信息制造业的发展。

近年来，中国生产性服务业总体保持平稳运行态势，产业规模不断扩大。软件产业发展迅猛。根据工业和信息化部发布的数据，2007—2011 年，中国软件产业实现软件业务收入分别同比增长 21.5%、29%、25.6%、31% 和 32.4%；2012 年中国软件产业共实现软件业务收入达到 2.5 万亿元，同比增长 28.5%，增速比电子信息制造业高出 16 个百分点。工业设计产业初具规模，通信业服务的行业应用种类不断增加，物联网等现代信息技术在物流领域的创新和应用水平不断提升。

中国生产性服务业的发展前景使得中国服务业成为外国直接投资（FDI）的新领域。根据联合国贸易和发展组织发布的《2012 年世界投资报告》，在总量增加的同时，中国吸引的外国直接投资（FDI）的投资结构开始发生显著变化：2011 年，中国进入服务业的外国直接投资首次超过制造业。中国是制造业大国，庞大并不断升级的制造业，中国巨大的市场需求和旺盛的购买力，训练有素的高质量的产业工人和工程师队伍，以及越来越市场化的外部环境和配套服务，使得更多跨国企业愿意将产业中的一些环节转移到中国。主要包括项目外包、跨国公司业务离岸化、配套转移等。

生产性服务业的进一步发展，将通过增加服务投入尤其生产性服务投入改善中国经济的投入结构，提高中国制造业效率；也将为更多中小企业进入研发、工业设计、技术咨询、信息服务、现代物流等行业，以及软件开发、服务外包、网络动漫、广告创意、电子商务等新兴服务领域创造条件。同时，生产性服务业的发展还会通过增加就业和收入，促进生活性服务业的快速发展，加快经济结构服务化进程。

五、服务化带来的投资选择

服务化趋势主要体现在现代服务业发展，其中又包括生活性服务业和生产性服务业。

1. 生活性服务业。生活性服务业主要针对个人需求，很多是传统服务业。中国目前处于向工业化后期过渡的时期，根据发达国家经验，随着工业化推进、收入水平提高，服务需求将快速增长，推动生活性服务业发展。从生活性服务业现状看，个人收入增长、不断推进的城市化进程与服务业发展水平都在促进产业需求长期稳定增长，因此具有长期投资价值。所谓“将你的钱放在你的嘴边上”，“衣食住行”作为消费服务行业的基本要素，与现代信息技术和现代管理方式相结合而产生的连锁餐饮、品牌服饰、酒店旅游、交通服务、通信服务等行业将长期增长。居民消费结构变化则在推动居民消费升级。随着收入水平提高，居民消费将由衣食住主导向行、交流等更加精神的层面主导演进，因此应该重点关注旅游、交通服务、通信服务、文化娱乐等领域的上市公司。在餐饮、服装服饰、商业等领域，则应注重现代信息技术和现代管理方式运用，电子商务领域将继续发展。老龄化趋势日益明显，则带来医疗服务、保健、个人护理等与健康护理领域的巨大需求。

(1) 商贸服务业。关注新兴业态的发展壮大。在信息化条件下，商贸服务业发展必须依赖网络化优势，服务企业要向连锁化、联盟化、集成化等方向发展，形成网络型组织结构。投资者可以关注相关上市公司。

(2) 健康服务业。医疗健康存在着一定行业管制，且专业性明显。随着人们对健康的日益重视，同时环境污染、工作压力和老龄化都在增加健康压力，医疗服务需求增长具有坚实基础和良好前景。投资者可以关注相关上市公司。

(3) 文化产业。根据国际经验，当人均 GDP 处于 1500 ~3000 美元时，文化娱乐消费将进入快速增长阶段。据国际经验测算，当人均 GDP 达到 3000 美元时，文化消费需求将占总消费支出的 23%[38]。文化产业作为先导型产业，对旅游、商业、新媒体等服务行业的带动力显而易见。投资者可以重点关注影视、动漫、游戏等行业的上市公司。

(4) 旅游业。旅游业是伴随收入水平提高而增长的行业。根据《国民旅游休闲纲要（2013—2020 年）》，中国计划到 2020 年，基本落实职工带薪年休假制度，增加民众可自主支配的假期，刺激旅游消费出现爆发式增长。优质的垄断性旅游资源是旅游类上市公司获取较快增长的根本。投资者可以关注相关上市公司。

2. 生产性服务业。生产性服务业的服务活动是制造业的关键性投入，也是制造业效率提高的基本源泉。现代服务业与制造业的不断融合，产业链的国际转移趋势和企业专业化分工的不断深入，越来越多的企业聚焦于核心业务能力提升和成本结构优化，以及信息技术的快速发展，为企业将某些需求进行服务外包提供了可能性，推动生产性服务业发展。同时，未来中国经济自身发展的需要以及全球经济一体化持续发展所提供的需求，专业化服务和信息技术飞速发展所带来的规模经济的动力和技术的保障，将使生产性服务业保持强劲增长。

⑴ 金融服务业。金融服务业是第三产业中资本与知识高度密集的特殊行业，在经济增长中具有极为重要的作用和贡献，关系整个国民经济命脉，会大大促进消费扩张和投资增长，极大地影响第三产业乃至整个国民收入增长。在发达国家，金融服务业也是吸纳就业的主要产业部门。在股票市场，金融服务业还是最重要的权重行业，其走势不论对综合指数还是成分指数都有重要影响。投资者可以关注相关上市公司。

⑵ 交通运输业。提供交通服务的上市公司要体现信息化成分，也即智能交通，投资者可以关注相关上市公司。

⑶ 现代物流业。东西部的产业转移将带来物流业的更大需求，而供应链管理作为物流业的新业态仍将大力发展。投资者可以关注相关上市公司。

⑷ 高技术服务业。2011 年 12 月，国务院发布《重点推进八大领域高技术服务业加快发展》，重点支持 8 大高技术服务业，包括研发设计、知识产权、检验检测、科技成果转化、信息技术、数字内容、电子商务以及生物技术服务，发展目标是在“十二五”期间，高技术服务业营业收入年均增长 18%以上。高技术服务具有人才密集、知识密集、附加值高、低能耗为特征，可能是最具成长价值的服务业。投资者可以关注相关上市公司。

⑸ 科技服务业。包括服务外包、合同研发组织、气象等服务。投资者可以关注相关上市公司。

⑹ 电子商务。互联网应用分为新闻门户网站、网络娱乐以及电子商

务。在过去十多年里，中国电子商务将网络化和信息化成功嫁接在传统产业基础上，催生了以阿里巴巴为代表的众多优秀电子商务企业，服务中国中小企业商家。随着中国互联网网民规模不断壮大，应用终端更加普及，电子商务仍将快速发展。电子商务由单纯的信息服务，向电子商务平台提供线上的产品认证、交易、物流、首付款、售后追踪等一站式全程电子商务转变，已成为B2B的发展趋势。投资者可以关注相关上市公司。

(7) 节能环保服务业。数据显示，发达国家环保产业中服务业比重占到50%~60%，而中国的环境服务业在环保产业中的比重约为15%[39]，尚处产业化初期。根据《"十二五"节能环保产业发展规划》，"十二五"期间需重点发展的领域包括节能产业重点领域、资源循环利用产业重点领域、环保产业重点领域这三大领域。大力推行合同能源管理，建立全方位环保服务体系，是重要的发展方向。投资者可以关注相关上市公司。

最后，应该指出的是，与传统服务业相比，新兴服务业更能代表现代服务业的发展方向。新兴服务业是伴随信息技术发展和知识经济出现、伴随社会分工细化和消费结构升级而出现的新兴产业，或以新技术、新业态和新的服务方式改造提升传统服务业而产生的，向社会提供高附加值、满足社会高层次和多样化需求的服务业。新兴服务业较多地出现在生产性服务业中。因此，相对于生活性服务业，生产性服务业具有更高的增长弹性。而生活性服务业则具有更强的稳定性，可以穿越周期获得稳定收益。二者各有特点，具体选择取决于投资者的风险偏好。

表 4-1 重点关注股票之三（2012 年数据）

股票名称	股票代码	流通股/总股本(亿股)	每股收益（元）	每股资本公积金（元）	加权净资产收益率（%）	行业
迪安诊断	300244	0.46/0.92	0.65	2.99	12.17	卫生、保健、护理服务业
泰格医药	300347	0.13/0.53	1.52	9.24	20.20	研究和试验发展
通策医疗	600763	1.60/1.60	0.47※	1.24	20.71※	卫生、保健、护理服务业
华谊兄弟	300027	3.61/6.05	0.40	1.63	12.73	广播电视电影
光线传媒	300251	0.66/2.41	1.29	5.25	16.59	广播电视电影
华录百纳	300291	0.33/0.60	2.04	10.34	14.82	广播电视电影
新文化	300336	0.24/0.96	1.10	6.01	18.52	广播电视电影
顺网科技	300113	0.56/1.32	0.70	3.86	11.95	互联网和相关服务
人民网	603000	0.69/2.76	0.52※	5.44	17.91※	互联网和相关服务
峨眉山 A	000888	2.16/2.35	0.80	1.07	19.29	旅游业
黄山旅游	600054	1.18/2.71	0.55※	0.28	14.30※	旅游业
首旅股份	600258	2.31/2.31	0.49	0.71	10.98	旅游业
中青旅	600138	4.15/4.15	0.63※	2.50※	9.87※	旅游业
中国国旅	601888	8.80/8.80	1.13	2.73	19.31	旅游业
三特索道	002159	1.20/1.20	0.46	1.32	11.14	旅游业
世纪游轮	002558	0.15/0.59	0.74	6.89	7.33	旅游业
皖通科技	002331	0.66/1.34	0.49	2.97	9.76	软件和信息技术服务
海康威视	002415	5.71/20.10	1.05	0.94	27.44	电子设备制造
数字政通	300075	0.32/0.84	0.86	8.27	7.76	软件和信息技术服务
保税科技	600794	4.28/4.74	0.76	1.31	27.69	仓储业
中信海直	000099	5.14/5.14	0.22※	0.90	6.60※	航空运输业
达实智能	002421	1.21/2.09	0.37	3.69	11.89	软件和信息技术服务
合康变频	300048	2.45/3.38	0.40	2.51	9.22	电气机械及器材制造
东华软件	002065	5.91/6.90	0.83	0.85	22.65	软件和信息技术服务
海隆软件	002195	0.96/1.14	0.58	0.75	16.26	软件和信息技术服务

备注：见本书第二章章末表 2-1。

资料来源：作者自行整理。

第五章
中国经济亚滞胀吗？

国币之九在上，一在下，币重而万物轻。

敛万物而应之以币。币在下，万物皆在上，万物重十倍。

——西汉·刘向编订《管子·山国轨》

一、滞胀及其历史

人类历史进入 19 世纪后，先后经历了两次经济黄金增长期（golden age of economic growth）。所谓黄金增长期，就是连续、稳定的全球经济增长周期，一般持续 10 年以上。第一次发生在 1870—1913 年间，以电气革命和铁路革命为特征，美国和西欧国家是这次增长期的领导者。按照著名经济史家安格斯·麦迪逊（Angus Maddison）的研究，这一时期世界 GDP 年均增长率为 2.1%，人均 GDP 增长率也达 1.3%，明显高于 1820—1870 年的增长率 1.0%和 0.6%。随后，经济黄金增长期为两次世界大战所打断，直到“二战”结束后的 1950 年，才迎来第二次经济黄金增长期。这次经济黄金增长期被麦迪逊认为是世界空前繁荣的黄金时代，1950—1973 年，世界 GDP 年均增长 4.9%，人均 GDP 年均增长 2.9%，比其他任何阶段都要高。世界贸易快速增长，世界出口年均增长率为 7.0%，美国和欧洲在此期间发挥了积极的技术扩散作用，西欧、南欧和亚洲都因此获得巨大利益。这次经济黄金增长期终结于 1973 年，因为这一年出现了史无前例的新现象——滞胀。经济黄金增长期被滞胀打断了。

滞胀（stagflation）是停滞（stagnation）和通货膨胀（inflation）的综合征，是指生产停滞、失业率增加和通货膨胀并存的经济现象。生产停滞作为经济滞胀的重要表现形式，意味着实际产量或收入不变、下降或虽增长但大大低于潜在增长速度。扩张性的货币政策未能刺激经济增长，但通货膨胀却如期而至。高失业、高通胀，是滞胀的典型表现。

在20世纪70年代初之前，经济学家普遍认为，失业率与通货膨胀存在反向关系，在分析工具上表现为向下倾斜的菲利普斯曲线。但这种传统观点，被滞胀颠覆了。在里根时期，供给经济学作为凯恩斯主义的对立面出现，提出通过减税增加供给的方法治理滞胀，成为一时风尚。

历史上，滞胀开始引人瞩目，始于1973—1975年的经济危机。

20世纪五六十年代，是美国的黄金时代。但从60年代后半期开始，越南战争升级、约翰逊总统推行伟大社会计划导致美国财政赤字急剧扩大，美联储实行扩张性货币政策则带来货币供应量的大幅增长，通货膨胀开始不断上升。为对付通货膨胀，70年代初，尼克松总统实行工资和物价临时管制，美联储也实行紧缩性货币政策。结果是，工资与物价管制取消后，通货膨胀即告反弹。到1972年，失业率与10年前相同，而通货膨胀率却上升了3个百分点。

1973年10月16日，石油输出国组织（Organization of Petroleum Exporting Countries，OPEC，中文音译为欧佩克）决定提高石油价格，利用石油武器教训西方大国。石油提价和禁运立即使西方国家经济一片混乱。提价以前，石油价格每桶只有3.01美元，两个月后，到1973年底，石油价格达到每桶11.651美元，提价近4倍。原油价格大规模上涨不仅导致能源消费价格上涨和企业营运成本提高，而且还带动非能源的石油产品价格上涨。西方大国国际收支赤字大大增加，最终引发1973—1975年的战后资本主义世界最大的一次经济危机。

与经济增长与通货膨胀此消彼长不同的是，当1974年世界经济陷入严重衰退时，“滞胀”出现了。根据经济合作与发展组织国家（Organization for Economic Co-operation and Development ，OECD，简称经合组织）提供的数据，1974—1978年，美国、英国、日本、加拿大、法国、意大利和联邦德国七个最大成员国的GNP年均经济增长率为1.59%，失业率为5.06%，通货膨胀率为 10.74%，其中美国经济增长率为-0.1%，而意大利的通货膨胀率高达 16.1%，加拿大的失业率高达 7.2%。而在此前的 1963~1973 年，上述比率分别为 4.37%、3.09%和 4.59%[40]。

1979-1982 年，全球陷入第二次滞胀。起因在于第二轮石油价格暴涨。原油价格从 1978 年的每桶约 13 美元升至 1980 年的每桶近 32 美元。与 1973—1974 年的石油危机一样，石油进口国经济出现滞胀，1979—1980 年间所有工业化国家的通货膨胀都大大加剧，同时经济增长率普遍下降，失业率上升。进口石油的发展中国家也同工业化国家一样面临着更高的通货膨胀和放慢的经济增长。

滞胀增加了货币政策的难度。滞胀对控制总需求的中央银行而言犹如一场噩梦，因为此时中央银行无法同时维持价格稳定和充分就业。在此情况下，除非以失业增加为代价，严格控制总需求，否则就不能使价格保持不变。决策者进退两难，他们必须就短期内在多大程度上控制通胀和失业之间做出选择。

1979 和 1980 两年间，美国通货膨胀率持续处于罕见的两位数水平，达到 11.3%和 13.5%。1979 年，卡特总统任命在国际金融方面经验丰富的保罗·沃尔克为新的美联储主席。在沃尔克领导下，美联储将其货币政策目标进行巨大调整，将其定位在抑止通胀进一步上升并使其回落到 50 年代 2%的水平上。沃尔克坚定推行旨在降低通胀的货币政策，使得 20 世纪 80 年代初美国利率急剧上升。

同时，在 1980 年的总统竞选中，里根承诺降低通胀。上台后里根采纳供给学派的经济政策主张，通过减少政府干预和大幅减税刺激生产。1981—1983 年间，所得税减少 23%；1985 年的税制改革把当时 14 个税收档次减至 3 档，私人纳税率平均下降 85%，公司纳税率平均下降 317%。减税政策在很大程度上代替了传统的需求管理政策，通过加强总供给的管理来促进投资。由于推行星球大战计划，里根政府的财政支出也迅速扩大。

这样，在20世纪80年代前半期美国实施了一套特殊的政策搭配：在美联储主席沃尔克领导下的货币紧缩政策和里根政府减税、增加军事开支的财政扩张政策。紧缩性货币政策引起急剧衰退，而财政政策的扩张效果又受到由于货币升值导致的净出口减少的挤出，货币紧缩引起的高失业和美元升值这两个因素使美国的通胀率迅速得以降低。

从两次经济危机来看，石油危机导致的石油价格大幅上涨与其后的经济衰退关系密切。第一次石油危机发生于1973—1974年。在国际油价上涨的同时，西方发达国家经济开始衰退。1973—1975年，美国实际GDP增长下降0.7%。第二次石油危机发生于1979—1980年。石油日产量锐减油价骤升，从每桶14美元飞涨到近40美元。1979-1980年，美国实际GDP下降0.23%；1980-1981年下降了0.17%。

油价上涨之所以引起经济衰退，首先是因为生产率与石油价格关系密切，石油价格上涨会导致生产率下降。在石油普遍使用的情况下，石油价格是影响全球经济极重要的经济指标，石油价格暴涨如同对消费者和企业同时增税，会导致消费和投资收缩，拖累经济增长。美国工业部门在20世纪70年代对石油的使用量达到高峰，石油价格上涨直接影响了使用石油为燃料和原材料的生产部门。其次，石油价格上涨直接推动了本来就高企的通货膨胀率。石油以最终消费品和中间产品这两种形式影响物价走势。

粮食紧缺导致食品价格大涨，也增加了通货膨胀压力。1972年，自然灾害席卷全球，世界粮食产量比上年减少2.9%。苏联到处抢购，大量进口，造成战后前所未有的粮食短缺。1974年世界粮食再次减产，紧缺状况进一步加剧。1973年和1974年，美国食品和饮料价格涨幅分别达到13.2%和13.7%，第二次石油危机出现之前的1978年，再次出现世界粮食短缺。

1978年和1979年，涨幅分别达到9.7%和10.7%。

知来鉴往。通货膨胀乃至滞胀期间的股票市场表现是一个值得注意的话题。滞胀对股票市场的影响非常复杂。由于“滞”，宏观经济不景气，基本面恶化，一方面会导致大盘重心下移，另一方面又会由于实体经济风险加大，促使投机资本流入虚拟经济。“胀”的根源在于货币过多。货币供给增加，可以促进生产，增加股票市场需求，促进股市繁荣。这时的股票市场是流动性的晴雨表，市场上涨反映了流动性增加的经济状况。

股票市场行情是各种因素综合作用的结果。通货膨胀具有收入再分配的结构性效应，对股票市场也是一样。总的来说，企业能否从通货膨胀之中获益，关键在于产品价格上涨所带来的收益要能超过要素投入增加的成本。其中的关键在于，一是是否具有市场力量，从而具有可能的定价权；二是能否服从于市场力量，将可能的定价权变成现实。由于市场力量基于垄断产生，因此只有具有垄断性的企业才能具有定价权；而能否服从于市场力量，则主要取决于是否存在行业管制，因此公用事业和基础设施行业虽然拥有可能的定价权，但因受价格管制，往往无法如愿实现价格上涨。在中国，电力部门就是典型，当煤炭等原材料大幅上涨的时候，电力价格往往不得上涨，以免因为成本推动加剧通货膨胀。结果是，电力公司的利润空间越来越小，甚至发生巨额亏损。

基于上述分析，生产黄金、有色金属、煤炭、石油、粮食等原材料的上游厂商往往具有垄断性，拥有市场力量，也有提高价格的自主权，往往受益于通货膨胀，股价因此上涨；消费品行业和零售行业等下游行业往往不具有垄断性，成本增加挤压利润空间，股价因此下跌。基于替代效应，新能源作为煤炭、石油的替代品，玉米、高粱作为大米小麦的替代品，其价格也将上涨。

滞胀时期的股票市场就是如此。虽然从美国股市百年历史的长周期角度看，1970—1980 年股市是牛皮市，1966 年和 1968 年的道琼斯指数高点是其后 15 年的历史高点，但从 1970—1980 年的短周期来看，股市却维持激烈波动：1973 年 10 月石油危机开始到 1974 年底历时一年多的大调整中，美国 S&P500 下跌近 43.3%，是美国股市战后最大跌幅；随后又在 1975 年大幅反弹，到 1976 年底基本回到 1973 年的高点水平。从股市波动与石油危机的关系看，1973 年 10 月的第一次石油危机造成了股市短期内较大幅度下跌；1979 年底的第二次石油危机则对股市影响甚小。从经济周期（谷底）与股市波动之间关系看，四次经济谷底（1970 年 11 月、1975 年 3 月、1980 年 7 月、1982 年 11 月）几乎与股市阶段底部相对应（或超前或滞后数月）。

整个滞胀时期，美国股票市场历经 6 次调整，约一半时间处于熊市之中。1946—1995 年，美国股市共计发生 14 次调整，其中只有 8 次与经济周期有关，其中 7 次在经济衰退前提前下跌，6 次在滞胀时期发生。

从行业表现来看，滞胀时期，由于制造业、交运仓储、建筑业、零售业、批发贸易等多个行业处于增长停滞状态，大多数行业尤其制造业表现较差；但具有定价权的上游资源行业和下游服务业，以及出现新的盈利模式的行业，增速明显能超越 CPI 的涨幅。70 年代，美国增长最强劲的行业分别是采掘业、农林牧渔、金融服务业、公用事业，年均增速超过 10%，远远超过 CPI 上涨。其中，采掘、农林牧渔年增长几次超过 50%，主要是受益于石油价格暴涨和全球性粮食涨价。因为 70 年代美国银行业出现新的盈利模式——国际贷款业务兴起，金融服务业年增长也曾接近 20%。温和增长的行业包括信息服务业、教育医疗业、房地产、住宿食品服务业、文化娱乐业等行业，扣除通货膨胀因素后，基本实现正增长。信息服务业的增长主要是受到当时美国电信行业垄断格局被打破的影响，竞争机制刺激了通信消费增长。金融股、国防股、采掘股和服务类股票价格即使在1974年大调整中也实现正增长。虽然受到经济停滞、失业率高的影响，但总体来说，板块走势与当时行业景气度相一致[41]。

此外，由于滞胀翘高全球能源和大宗商品价格通货膨胀导致固定收益类资产贬值，经济衰退又拖累了股市上涨，缺乏投资渠道的资金涌入大宗商品市场。黄金作为规避通货膨胀的保值工具在1980年创下了每盎司850美元的高点。

1982年至2008年，全球通货膨胀率基本呈快速、全球性下降。发达国家从20世纪80年代平均6.3%降到90年代2.9%，2003年降到平均2%以下。发展中国家则从35.9%降到32.5%，进入新世纪后，平均通胀降到5.7%，为20世纪60年代以来最低点。美英两国通货膨胀率一直处于50年代后的最低水平，英国比高峰值低20个百分点。2008年12月，美国通货膨胀率仅为0.1%，创下自1954年以来的最低水平。作为世界第二大经济体的日本90年代以来一直为后泡沫经济拖累，连续6年物价负增长。

与此同时，美国股票指数也随经济增长而不断飙升，从1968—1983年失去的15年，进入1983—2000年的美股黄金17年（期间无惧利率升降，只因经济持续增长和新经济革命）：1991年4月17日，道指首破3000点；1995年2月23日，道指首破4000点；1995年11月21日，道指首破5000点；1996年10月14日，道指首破6000点；1997年2月13日，道指首破7000点；1997年7月16日，道指首破8000点；1998年4月6日，道指首破9000点；1999年3月29日，道指首破10000点大关；2000年1月14日，道指创下历史最高记录，11723点（图5-1）。

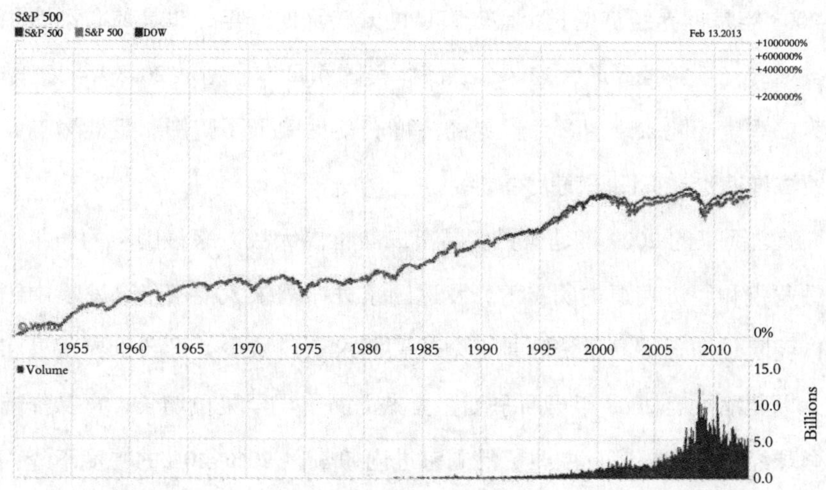

图 5-1 1950—2013 年 2 月的标准普尔指数和道琼斯指数走势图

资料来源：参照各种数据整理绘制。

二、若隐若现的全球滞胀

20 世纪 80 年代以后直至 2008 年经济危机发生前，是世界经济平稳并较快增长的时期。就美国而言，供给经济学及其政策的运用，增强了微观经济的活力和动力。信息技术蓬勃发展，金融产品推波助澜，都是促进美国经济增长的重要因素。

但 2008 年的金融危机，打乱了全球经济增长的阵脚，经济增长率急剧下降。

金融危机源自美国次贷危机。2007 年，美国房产市场持续恶化，随之而来的次级抵押市场雪崩，最终引发遍及全球金融市场的信贷紧缩。随后的 2008 年是世界经济增长由盛转衰、由升转降的一年，也是惊心动魄和多灾多难的一年。世界最大的两个经济体美国和日本分别从 2008 年第三季度和第二季度起陷入衰退，为世界经济增长前景蒙上了阴影。受此影响，中国经济增速也在第四季度大幅减缓。

随之而来的 2009 年是世界贸易自二次世界大战以来最困难的一年。在金融危机和经济衰退的阴霾下，发达国家进口需求大幅下降，发展中国家出口受阻，加上贸易融资限制，全球总需求急剧减少，导致世界贸易和生产大幅萎缩。自 2008 年第四季度，世界贸易出现罕见负增长，贸易降幅远逾全球经济下滑幅度，主要贸易国家进出口额以 20%~40%的幅度下降。根据国际货币基金组织（International Monetary Fund，IMF）2010 年 10 月发布的《世界经济展望》报告，2008 年全球产出按购买力平价计算增长 2.8%，2009 年为-0.6%。

金融危机始于美国，但后来通过欧洲债务危机，日益成为一个全球性危机。

2011 年，肇端于希腊债务危机的欧洲债务危机爆发，许多发达国家财政赤字和债务危机持续恶化，成为拖累全球经济增长、影响全球金融货币稳定的威胁。关于公共债务可持续性的国际共识，一般基于 1997 年欧盟《稳定与增长公约》所确定的标准：即一国公共部门债务余额不超过 GDP 的 60%，而年度预算赤字则不超过 GDP 的 3%。但国际货币基金组织的数据显示，西方发达国家中鲜有达标者。与 2010 年相比，2011 年欧盟多数成员国以及美国、日本的公众债务与 GDP 之比都有提高：美国 72.7%、意大利 122%、欧洲 90.4%（平均）、法国 77%、希腊 158%、葡萄牙 101%、爱尔兰 120%、西班牙 63.9%、德国 73.2%、日本 210%。

一波未平一波又起。2012 年底，美国财政悬崖（Fisacl Cliff）又成全球经济心病。财政悬崖是美联储主席伯南克在 2012 年 2 月底的国会证词中首先提及的，系指美国在2012年底、2013年初的一系列法律调整将使美国政府面临新的开支计划和减税政策到期而可能导致的巨大财政缺口。其后果十分严重，或将导致经济增速放缓，甚至陷入二次衰退，因此被称为财政悬崖。为此，国际货币基金组织总裁拉加德曾表示，美国“财政悬崖”是威胁全球市场的头号风险，美国财政赤字和负债占国内生产总值的比例实际上比欧元区更糟。

步欧美后尘的很可能还有世界第三大经济体日本。截至2012年6月底，日本国债余额为940万亿日元（约合12万亿美元），为其国内生产总值的2倍，远高于目前身处债务危机的欧洲国家。只是由于日本国债大多由日本机构和国民持有，所以至今仍未爆发债务危机。

高水平的财政赤字和公共债务使得多数欧盟国家面临促进经济增长和保证财政安全的两难，扩大财政支出、减税等刺激经济增长的措施面临财力不足的硬性约束。欧债危机接连爆发，更是增加了经济复苏难度。

由于发达国家债务负担沉重，而发达国家仍是世界经济主角，世界经济尤其新兴国家将步入经济增长率下降，而通货膨胀率却可能上升的阶段。债务危机的消除并非一日之功。虽然可通过转嫁成本、结构调整和被动式三种方式消化债务，但在债务负担成为发达国家普遍现象的情况下，通过量化宽松（quantitative easing，QE）货币政策实行债务货币化的转嫁成本成为最常见的方式。这实际上是一种制造通货膨胀的方式。继美联储实行QE3（a third round of quantitative easing）之后，日本央行于2013年1月22日宣布采取无限量购债计划，同时将通胀目标上调至2%。而英国也可能跟随日本加入货币战争，导致英镑贬值。英国央行候任行长（2013年6月上任）、现任加拿大央行行长马克·卡尼在2012年12月说：“在后危机时代，管理通胀已经不是央行最主要的任务，即便经济已经复苏，央行也需要保证长期的低利率环境以刺激经济。[42]”这可以代表大部分国家的观点。

当所有国家都这样做的时候，“囚徒困境”将导致最坏的结果，就是通货膨胀加剧，而债务危机消化缓慢。

此外，发展中国家所谓债务重组的方式，也在制造通货膨胀。

通过降低福利水平、削减财政开支和对外进行贸易保护主义进行结构调整来减轻债务，不仅对缩减本国需求，而且也对中国等出口型国家形成巨大压力，最终对全球经济复苏形成阻碍。限制政府开支会导致经济下滑，债务是用国民生产总值（GNP）与债务的比率衡量的，如果经济下滑，那么负债实际上在增加。

受发达国家经济放缓的影响，发展中国家也未能幸免。起初，新兴国家通过扩张型货币政策和财政政策来减缓经济危机的影响。这些政策帮助了发达国家乃至全球经济复苏。但随着经济复苏缓慢，经济复苏的长期性日益凸显，新兴国家的政策空间日益匮乏，新兴国家也步入经济放缓的行列。

在对解决结构性问题全无把握、束手无策的情况下，试图通过量化宽松的货币政策来解决问题，成为各国最为简便也最为无奈的选择。唯有一次又一次印钞票，规模越印越大，才能维持经济不坠入谷底。量化宽松政策已骑虎难下。由于物价水平往往与经济增长同向变化。经济复苏的需求增长，将推动全球产出缺口逐步减小、资源价格继续走高，进而提高物价水平。而一旦通胀开始反弹，全世界便面临新一轮危机，经济复苏也随着受阻。

因此，未来几年，全球经济都将处于滞胀若隐若现的状态中。其含义一是全球经济将呈现通胀趋势明显及经济结构性停滞（某些领域发展反而加快）双重特征。由于全球经济模式转型过程中（伴随衰退和复苏），各国货币政策和经济模式尚未完全修复，因此和之前石油危机导致的滞胀不同的是，本轮滞胀具有如下特征：一是伴随流动性泛滥和经济增速下降，各国在此期间很难提高利率水平，货币政策受制于经济复苏需求难有空间遏制通胀，通胀趋势具有中长期特征，各类资产和大宗商品价格和经济趋势甚至完全背道而驰；二是经济发展停滞可能呈现出明显的结构性特征，主要是传统制造行业明显受到压制，但一些新兴材料行业和新能源行业反而会在经济复苏需求及原材料价格大涨双重推动下获得较为明显的空间，逆势上扬。

含义之二是在有些阶段将呈现全球性滞胀的特征。2009 年，全球经济负增长，但该年年底，巴西、澳大利亚、印度、越南等国家却陆续出现通货膨胀。2010 年 9 月，“金砖四国”中，中国、巴西、俄罗斯、印度的 CPI 分别上涨 3.6%、4.7%、7%和 9.9%。中国 10 月份 CPI 同比上涨 4.4%。通货膨胀也向欧洲蔓延。10 月 29 日，欧盟统计局称，10 月消费者价格上涨 1.9%，创下自 2008 年 11 月以来最高值；英国 10 月份 CPI 为 3.2%，事实上，除了 2010 年 2 月，英国月度 CPI 都在警戒线 3%以上。

与 20 世纪 70 年代滞胀时期不同的是，食品价格上涨超过 CPI 涨幅，可能成为全球通货膨胀最显著的标志。近年来，伴随新兴国家崛起，食品需求快速增长，与此同时，城市化进程却使得农田面积减少，加剧了粮食供求矛盾。因此国际粮食价格呈现上涨趋势，甚至有人发出“粮食危机”的担忧。所幸气候变暖有利于粮食增长，基于替代效应，粮食价格上涨也带来食品价格上涨。

石油价格也将维持 80 美元以上高位。在 20 世纪 70 年代滞胀时期，石油价格上涨主要来自“供给冲击”，即石油产量大幅下降，进而导致石油价格大幅上涨；而最近 10 多年来的石油价格上涨，主要来自“需求冲击”，也即由于中国等新兴国家能源需求大幅增加，石油价格因此大幅上涨。但近年来，新兴国家经济受发达国家经济萧条所拖累，经济增长率下降，能源增长率下降，能源需求增长趋缓，石油价格已趋稳定。与此同时，新能源开发和利用的加速推进，在增加能源供给。能源供求正在形成新的平衡，但石油价格仍将维持高位运行。石油价格趋于稳定，避免了高通货膨胀的出现。

三、中国亚滞胀

1978 年改革开放以来，中国经历过五次通货膨胀，分别发生在 1980 年、1984—1985 年、1987—1989 年、1993—1995 年、2007 年下半年-2008 年上半年。这些通货膨胀具有一些与西方主要国家不同的特点[43]：

一是农产品价格快速上调是通货膨胀形成的构成要素。中国历次发生的通货膨胀，都与农产品价格走向关系密切。在 1994 年中国高通货膨胀启动因素中，首当其冲就是农产品价格。以农产品为代表的基础价格上涨所形成的成本冲击型通货膨胀是当年通胀的主要特征。

二是中国资源价格与国际接轨推高居民消费价格指数。新中国建立以来，原油、成品油、煤炭、水、电力等公用品及能源价格长期处于计划管理中，处于较低水平，与国际接轨后自然出现上涨，推升 CPI。比如，2009 年 5 月 8 日国家公布的《石油价格管理办法（试行)》规定：当国际市场原油连续 22 个工作日移动平均价格变化超过 4%时，可相应调整国内成品油价格。这一规定使国内成品油价格实现了与国际市场的联动。几经调整，成品油价格已大幅上涨，以 93 号汽油为例，已从 2000 年的每升 2 元左右，升至 2013 年 3 月每升 7.15 元左右。

三是房产价格对居民消费价格产生复杂影响。一方面，商品住房价格大幅上涨和居高不下，大大降低了城市居民的一般消费能力，是居民消费价格的冲减因素，高房价对一般意义的通货膨胀产生了吸收作用。另一方面，由于房价因素不计入 CPI 样本，计入 CPI 样本的是房租价格权重低、基数低，中国 CPI 指标体系样本选择及权重又淡化了居住消费。CPI 主要反映可食用农产品价格，很少反映涨幅较大的房价，实际上低估了通货膨胀率。

四是一定时期内贸易顺差和人民币升值压力助推通货膨胀。一方面，大量产品出口使中国贸易顺差持续过大，外汇储备不断增加，由 1950 年的 1.57 亿美元增至 2012 年的 3.31 万亿美元，尤其加入 WTO 后，中国贸易顺差扩大，外汇储备直线上升，成为世界外汇储备最多的国家。在汇率管制的情况下，大量外汇储备使中国人民银行被动发行大量外汇占款，增大货币供应量，形成通货膨胀的推助因素。另一方面，贸易顺差及国际收支失衡、欧共体及美国等主要西方国家的高失业率产生人民币升值压力。人民币升值预期一方面进一步加大外汇流入，加大外汇占款，加大国内货币供应量；另一方面，通过适度通货膨胀导致人民币对内贬值，一定程度上缓解人民币升值压力。人民币对内贬值通过商品价格起到对外升值的作用，便出现了内贬外升的现象。2005 年 7 月 21 日到 2008 年 9 月 25 日，人民币汇率由 1 美元兑 8.11 元人民币升值到 1 美元兑 6.8197 元人币，累计升值 17.54%，而同期国内物价大幅上涨，CPI 由 2005 年 7 月份的 1%左右一路攀升，最高时接近 9%。

2012 年，中国经济增长 7.8%，通货膨胀率 2.6%。2003—2012 年 10 年间，中国经济基本维持“高增长、低通胀”格局，据统计，在此期间，中国年均 GDP 增速高达 10.5%，显著高于 1993—2002 年的年均 9.9%以及 1983—1992 年的年均 10.3%；与此同时，中国年均 CPI 增速仅为 3.0%，显著低于 1993—2002 年的年均 6.5%以及 1983—1992 年的年均 7.8%。IMF 预测，2013 年，中国经济增长率将在 8%左右，通货膨胀率 3%左右。笔者预计，未来 10 年，中国年均经济增长率和 CPI 分别在 7%—8%和 3%左右将是常态。当然，CPI 只是理论上用于衡量通货膨胀率的常用指标，老百姓切身感受的通货膨胀率要比这个高得多。这些数据预示着，和之前的“高增长、低通胀”相比，中国在经济增长率下降的同时，通货膨胀却反向变动，呈现长期高于高增长时期的通货膨胀水平。这种状态何以名之？笔者名之为亚滞胀。

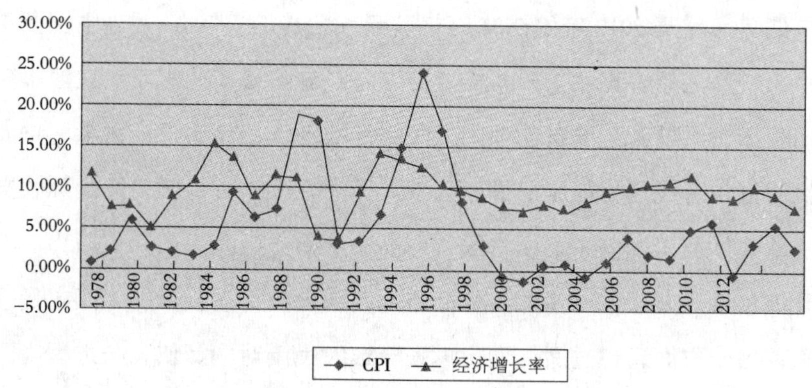

图 5-2　1978—2012 年的中国经济增长率与 CPI

资料来源：根据国家统计局发布的经济增长率与 CPI 数据绘制。

事实上，虽然 CPI 以每年 3%左右的增速缓步上升，但人们在现实生活中的感受却使他们对 CPI 严重质疑。有文章指出，以 1978 年到 2009 年的消费价格为例，面粉价格从每斤 0.185~0.22 元，上升到 1.19~1.92 元，幅度在 5.4~10.38 倍，衣服类从每套 10~20 元，上升到 100~500 元，幅度在 5~50 倍，交通类以北京地铁票价为例，从 0.1 元上升到 2 元，幅度为 20 倍；居住类以水费为例，从每吨 0.12 元上升到目前 3.7 元，幅度为 30.8 倍。在路边烧烤摊，从 2010 年到 2013 年年初，一尾小鱼从 6 元上升到 10 元，蔬菜价格上涨一倍。这是免除一切费用、在取缔阴影笼罩下的市场，可以反映最低生活水准者所需支付的食品成本。也就是说，仅就食品而言，三年上涨一倍左右，每年涨幅高达16%[44]。经济学家、耶鲁大学教授陈志武也发现，2000—2012年，中国CPI物价累计涨31%左右，而美国物价同期累计涨36%。

未来一段时期，中国经济增长率将趋于下降，进入一个次高区间。改革开放以来，中国经济保持9.9%的增长。其根本动力在于农村劳动力转移、城镇化和工业化，以及融入全球经济所带来的分工收益。但中国越来越大的经济规模正对高增长形成约束，劳动力供求格局、资源供给环境、人民生活对环境的要求也在变得严格，粗放型经济发展方式向集约型经济发展模式转变也需要通过降低经济增长率来换取空间，因此未来中国经济将不再保持10%上下的超高增长，而是进入一个7%~8%的可持续、平稳和健康的次高增长区间。

中国经济增长率缺乏后劲，突出表现在越来越依靠投资拉动经济增长。1990年以后，中国经济增长率总的来说比较平稳，但2008年开始趋于下降，但全社会固定资产投资占GDP的比例却趋于稳步上升，在2008年金融危机之后，表现尤其明显（图5-3），至2012年已达72.15%的高点。而据国际经验，发展中国家、发达国家的投资占GDP的比重分别平均在20%~30%。分区域看，2008年以后，中国区域经济增长呈现新的特点，中西部地区经济增长率普遍高于东部地区。但仔细研究却发现，这些高增长普遍是通过投资高增长实现的。2011年，广西、江西、天津、山西、吉林、重庆6省份首次迈入万亿元门槛，它们的投资增幅均在30%左右。研究发现，2008年到2010年，中国GDP年均增速9.9%，经济增长总量中2/3以上为资本积累的贡献。与此同时，大规模投资带来的却是资本效率下降。20世纪90年代中国资本产出率为3.79，2000年至2007年增至4.25，2008年至

2009 年则升至 4.89，资本的扩大，对生产率增长产生了"挤出"效应[46]。越来越高的固定资产投资，还可以为中国高速增长的货币供应量提供相辅相成的解释。

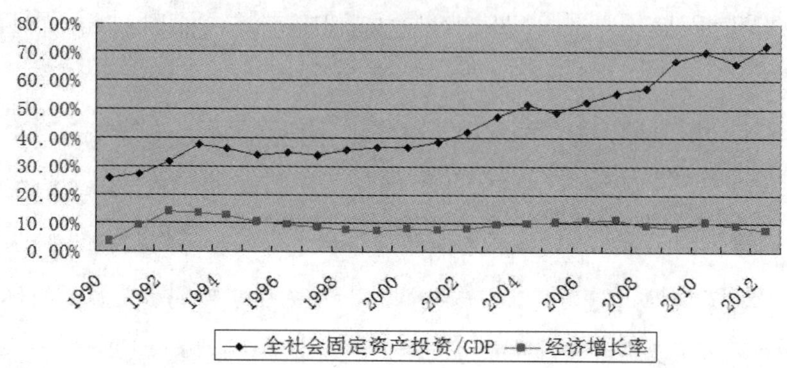

图 5-3　1990—2012 年的中国经济增长率与全社会固定资产投资/GDP

资料来源：根据国家统计局发布的经济增长率与 CPI 数据绘制。其中全社会固定资产投资/GDP 取自于每年的统计公报。

中国通货膨胀率将长期处于上述 3%的较高水平。通货膨胀终究是一种货币现象，巨大的货币发行量势必推高物价水平。近年来，全球主要经济体竞相释放流动性，潜在的输入型通胀压力不容小觑。21 世纪网数据部针对全球主要央行的 2008—2012 年 M2 数据进行统计发现，截至 2012 年末，全球货币供应量余额已超过人民币 366 万亿元。其中，超过 100 万亿元人民币即 27%左右，是在金融危机爆发的 2008 年后 5 年时间里新增的货币供应量。期间，每年全球新增货币量逐渐扩大，2012 年这一数值达到最高峰，合计人民币 26.25 万亿元。中国扮演了最举足轻重的角色。2012 年年末，中国 M2 余额接近百亿。在过去五年中，中国的新增货币量更是包揽同期全球增发货币数的一半，在 2011 年的贡献率更是达到 52%[47]。

中国如此巨大的货币发行量，之所以没有引致高通胀，主要是由于货币化的进一步发展，通过资产膨胀吸纳了很大部分货币，物价因此不至于达到太高水平。由于居民消费价格指数（CPI）作为衡量通货膨胀率的常用指标，并没有反映资产价格变化，因此如果将资产价格和商品价格综合考虑货币供应量大幅增加的影响，会得到更全面、更准确的结论。房地产价格的上涨是大家有目共睹的，股票价格虽然没有上涨，但市值却在成倍增长，它们都在吸纳多余的货币。由于机会并不平等，因此这种变化实际上是在进行财富再分配。

即使以 CPI 衡量，作为 CPI 主要权重商品的粮食和食品价格持续上涨态势，也将推动价格水平上涨。根据中国现行统计方法，其中食品价格在 CPI 所占权重为 33.6%。显然，食品价格或其代表性商品价格变动对 CPI 具有直接影响。粮食价格上涨作为 CPI 上涨的主要推动力，带动副食品价格上涨和受饲养周期影响造成的猪肉、鸡蛋价格周期性上涨，进而带动食品价格上涨，是中国 CPI 上涨的主要特点。以 2013 年 1 月为例，根据国家统计局数据，CPI 环比上涨 1%，是自 2012 年 2 月份以来月度环比涨幅的最高值。其中食品价格上涨 2.8%，影响 CPI 上涨约 0.92 个百分点，也即贡献了 92% 的涨幅。其中，蔬菜和肉类价格的上涨尤其突出。1 月份，蔬菜价格在 2012 年 11、12 月份连续上涨的基础上继续上涨，环比涨幅为 12.7%，影响当月 CPI 环比上涨约 0.39 个百分点。

粮食价格上涨主要受国际粮食价格上涨和国内粮食供求的影响。在国内，土地、劳动力成本上升带来的粮食供给减少，以及粮食需求增加所形成的长期性的供求变化，正在推动粮食长期上涨。

从饲养周期来看，中国食品价格上涨周期往往由猪肉价格上涨带动。玉米价格上涨首先带动饲料价格上涨，推高养猪成本，进而影响猪肉价格，并进一步传导至 CPI，但这种影响具有一定滞后性。统计资料显示，国内猪肉价格波动与全球玉米、大豆价格变化正相关，波动周期较国际玉米价格滞后一个季度，较大豆价格滞后两个季度[48]。

输入性通胀加大中国输入型通胀压力。美国、日本等国直接或者变相的量化宽松货币政策，导致国际主要货币贬值，推动石油等国际大宗交易商品价格上涨，进而通过贸易渠道，提高国内产品成本，推动物价水平上涨。资源大国则基于垄断地位，通过控制资源价格获取“经济租”，实现对制造国家、金融国家的掣肘，增加中国通货膨胀压力。

以铁矿石为例，据中钢协公布的数据，过去几年，中国铁矿石贸易占全球贸易市场份额的60%左右，进口量超过世界其他地区的总和，是全球最大的铁矿石进口国和现货市场。在中国需求强劲增长的情况下，由于中国缺乏资源和金融产品定价权，巴西淡水河谷、力拓和必和必拓三大矿商凭借超过全球铁矿石60%的交易量，牢牢掌控铁矿石定价话语权，致使铁矿石价格大幅攀升，从2000年进口铁矿石的价格每吨约20~30美元，一路狂飙，最高逼近每吨200美元。对高度依赖铁矿石进口的中国而言，铁矿石价格的上涨将推动钢铁价格上涨，进而推升物价水平。

成本推动通货膨胀。国家统计局发布的统计数据显示，2012年中国劳动人口为9.3亿人，比上年减少345万人，这是近几十年来中国第一次出现劳动人口绝对下降。随着刘易斯拐点临近，人口红利消失，新一代劳务工诉求升级，过低成本的劳动力已经耗尽，劳动力价格上升成为必然，工资必然膨胀。随着时间推移，社会保障成本也会上涨，同样会对劳动力成本上涨起到助推作用。此外，原材料、水、电、土地等成本的上升也成必然趋势。成本上涨一方面推动物价上涨，另一方面也迫使部分制造业由中国转向劳动力成本和人口结构更有优势的东南亚诸国。

深化改革增加通货膨胀压力。一是经济转型下的收入政策直接抬高人工成本，推动物价水平上涨。二是资源性价格改革产品与服务价格上涨，以及收入分配制度改革的深入推进推动工资上涨，进而推高物价水平。以日本为例，1961到1970年，日本实施收入倍增计划以来，年均通胀达

5.77%，但促进了经济腾飞。三是为了稳定增长，增加投资和增加信贷投放也将带动物价上涨。人民币升值和财政赤字增加也可能推动物价水平上涨。

产能过剩作为抑制通货膨胀的重要因素，正在逐渐消失。产能过剩是中国经济的长期顽疾。中国产能过剩，既可能是市场性过剩，也可能是体制性过剩。最近一轮产能过剩是重工业部门的普遍过剩。早在2006年，国务院就将10个行业列为产能过剩行业，而到2009年产能过剩行业几乎翻了一番，达到19个，其中，钢铁、水泥、煤炭、有色金属等产量都已达到或超过全球产量一半。绝大多数加工制造业生产能力利用率不到70%，有些行业利用率不到40%[49]。在产能严重过剩的光伏产业，2011年全球光伏发电总安装量约为3000万千瓦，其中欧洲地区的安装量约为2200万千瓦。从产量和产能来看，2011年全球电池产量已达3300万千瓦，实际产能达到4500万千瓦，产能过剩率超过50%；从国内情况来看，2011年中国光伏电池产能已达3500万千瓦，已可满足全球光伏电池的安装需要。工信部等部门为此联合发布《关于加快推进重点行业企业兼并重组的指导意见》，支持大型骨干企业跨区域、跨所有制兼并重组，解决产能过剩，提高产业集中度。随着有关政策措施的实施，以及全球经济缓慢复苏，市场机制进一步发挥作用，中国现有的产能过剩将逐渐消除，产能过剩对于通货膨胀的抑制作用也将因此消除。一旦生产者物价指数（Producer Price Index，PPI）逆转，由下降通道步入持续回升的通道，势必推动消费者价格指数（CPI）上升。

通货膨胀具有财富再分配效应，不利于中国建立公平正义的社会。国际经验证明，通货膨胀率上升将导致基尼系数上升。消费者价格指数上升的最大受害者是中、低收入劳动者。例如，猪肉和粮食价格的上涨对靠低工资和社保维生的低收入阶层是巨大打击。此外，中、低收入劳动者无法通过购买不动产的方式来为储蓄保值，他们也没有足够资金购买股票和其他可以保值的金融资产。通货膨胀以及CPI上升会进一步扩大社会不同阶层的收入差距和财富差距，导致贫富差距过大，是社会不安定的重要因素。

与全球经济时而可能出现微弱滞胀一样，亚滞胀也意味着经济滞胀特征可能明显表现出来。2008年，GDP增长9.0%，居民消费价格上涨5.9%，“低增长高通胀”的特征表明，滞胀在威胁着中国经济。

四、投资时钟指向哪儿

投资时钟（The Investment Clock）是2004年美国美林证券（Merrill Lynch）在《投资时钟》的研究报告提出的，根据经济周期不同阶段进行资产配置的理论。在报告中，美林利用美国1973—2004年超过30年的历史数据，根据一国产出缺口和通胀率的不同变化，将经济发展周期划分为衰退、复苏、过热和滞胀四个阶段，通过比较股票、债券、商品和现金四类资产在不同阶段的收益表现，揭示大致的资产配置周期标准。投资时钟将“资产”、“行业轮动”、“债券收益率曲线”及“经济周期四个阶段”相联系，具有指导投资周期的价值。

根据经济增长和通胀状况，投资时钟将经济周期划分为衰退、复苏、过热和滞胀四个不同阶段。投资时钟将经济周期画成圆圈的形式。经典的“繁荣—衰退”周期从左下角开始顺时针转动。每个阶段有相对于趋势的经济增长方向（如经济复苏和经济衰退）和通货膨胀方向（通货膨胀上升和通货膨胀下降）两个指标定义。经济增长和通货膨胀是时钟的驱动力，经济增长率指向南北方向，通胀率指向东西方向。

在经济周期的衰退、复苏、过热和滞胀等不同阶段，沿顺时针方向循环，不同类属的金融资产会表现出显著差异，每个阶段都有特定资产可以获得超过大市的超额收益（有时由于海外冲击或异常事件影响，投资时钟也会逆时针移动或跳过一个阶段）：

1. 衰退阶段（6点~9点）：GDP增长乏力，过剩产能以及不断下降的商品价格驱动通货膨胀走低。企业盈利微薄，实际收益下降。中央银行试图促使经济返回到可持续增长路径上而降低利率，债券收益率曲线下行而且陡峭。此阶段最好的资产选择是债券。

2. 复苏阶段（9点~12点）：宽松的政策发挥效力，经济加速增长到长期增长趋势附近。然而，通货膨胀继续回落，因为剩余产能尚未消耗干净，周期性生产增长强劲。企业利润急剧恢复，但央行仍保持宽松的货币政策，债券收益率曲线保持在低位。此阶段是股权投资者的"黄金时期"，股票是最好的资产选择。

3. 过热阶段（12点~3点）：生产增长减缓，生产能力接近极限，通货膨胀上升。央行提高利率，驱使经济返回到可持续增长路径上，但GDP增长率顽固地保持在趋势上方。债券表现糟糕，收益率曲线上行和平坦。股票投资收益依赖于在强劲的利润增长和价值重估两者的权衡，常常伴随着卖出债券。此阶段大宗商品是最佳的资产选择。

4. 滞胀阶段（3点~6点）：GDP增长降低到长期增长趋势以下，但通货膨胀率继续上升，部分原因是石油价格冲击。由于生产不景气，企业为了保持利润水平而提高产品价格，造成工资价格螺旋式上升，只有失业率的大幅上升才能打破这一恶性循环。直到通货膨胀达到顶点后，央行才改变政策措施，限制债券市场的回暖步伐。由于企业盈利恶化，股票市场表现糟糕。此阶段现金是最好的资产选择。

美林通过近70多年（除了二战）的历史经验表明，投资时钟大体符合每次经济周期变动情况。美林用自1973年4月至2004年7月美国完整的超过30年的资产和行业回报率数据，验证了投资时钟的合理性：

1. 衰退阶段：一如预期，债券表现最好，实际年均收益率为9.8%，远远高于其长期平均收益率3.5%；时钟对角处大宗商品的表现最糟糕，实际年均收益率为–11.9%。股票和现金的实际年均收益率分别为6.4%和3.3%。

2. 复苏阶段：股票是所有资产中表现最好的，实际年均收益率达到19.9%，远远高于其长期收益率6.1%；现金仅为2.1%；大宗商品仍然最差，为–7.9%（绝大部分是由于石油价格的回落）；债券为7.0%。

3. 过热阶段：大宗商品表现最好，实际年均收益率达到19.7%，远远高于其长期平均收益率5.8%；债券表现最差，为0.2%。

4. 滞胀阶段：现金成为表现欠佳的金融资产中最好的投资品种，实际年收益率为–0.3%；时钟对角处股票表现最差，为–11.7%；债券为–1.9%；大宗商品实际年均收益率高达28.6%，反映了上世纪70年代石油价格的冲击[50]。

上述检验结果表明，在不同的经济周期阶段，通过识别拐点，及时调整资产配置，可以获得超额收益。根据上述不同阶段的收益率，按照资产收益率由高到低排序，各个阶段的排序如下：1.衰退阶段：债券>现金>大宗商品；股票>大宗商品；2.复苏阶段：股票>债券>现金>大宗商品；3.过热阶段：大宗商品>股票>现金/债券；4.滞胀阶段：大宗商品>现金/债券>股票。投资者可以据此制定投资策略。

如前所述，世界经济已进入缓慢复苏阶段，但同时也在遭受通货膨胀的潜在威胁，这使得世界经济时而可能出现轻微滞胀的特征。比如2008年就是如此，2008年下半年以来，中国经济增长速度明显放缓，而通货膨胀却在加剧，经济滞胀特征日益明显，结果正如投资时钟所揭示的，股票市场表现极差。

既然在世界经济缓慢复苏过程中，又存在经济滞胀的可能性，那么对投资者而言，首先，要减少负债，降低负债率和财务杠杆使用比率，对选择投资类项目抱持更加谨慎的态度，无疑是理性而正确的理财策略。其次，在经济缓慢复苏阶段，只要没有出现滞胀，股票仍可以选择性持有。原则是：首先要资金自有，绝不负债；其次是谨慎选择，专注结构性的市场机会。最后，经济危机是经济结构转变的过程，经济复苏的根本力量在于新兴经济力量的成长，因此新兴技术及其产业的成长将是股票市场投资的主题。

五、亚滞胀时代的投资

如前所述，世界经济缓慢复苏背景下的亚滞胀，具有经济复苏阶段和经济滞胀的特征，基于目前的经济状况、滞胀时期的历史经验以及投资时钟的指引，我们可以判断这一时期的投资机会主要来自于农产品、资源和新兴产业。新兴产业分散其他各章叙述，其中新兴服务业已在第四章叙述。

1. 农产品。在未来相当长时期，全球流动性宽松刺激农产品需求，全球范围内农产品供不应求，中国粮食和食品价格将继续上涨。农产品价格是拉动中国物价水平上涨最重要的直接因素，持有农产品资产可以降低通货膨胀的冲击。此外，国家通过税收、补贴等方式实现工业反哺农业，也有利于农产品股票。但农产品生产周期长，利润难以实现爆炸性增长，因此主要是防御性而不是进攻性品种。投资者可以关注相关上市公司。

2. 资源。资源包括能源、有色金属、非金属、铁矿石等。近年来，由于全球各国开闸宽松的货币政策，以及作为主要的全球货币美元、欧元尤其是美元的实质性贬值，流动性释放导致大宗商品价格上涨，长期处于高位。但伴随经济缓慢复苏，美元升值势头开始显现，石油和黄金价格难以继续大幅上涨，下跌概率大大提高。因此不建议投资黄金和石油类股票。重点关注铁矿石、有色金属、非金属。新能源和新材料等替代性行业将因此间接受益于石油和煤炭等矿石价格上涨。

资源类上市公司众多。基于新兴国家经济增长所带来的巨大原材料需求，和全球经济复苏所带来的电子产品和新兴科技产品需求，以及数码产品增长所带来的对电池的巨大需求，铁矿、铜业、稀土、锂等行业可能更具前景。投资者可以关注相关上市公司。

表 5-1 重点关注股票之四（2012 年数据）

股票名称	股票代码	流通股/总股本（亿股）	每股收益（元）	每股资本公积金（元）	加权净资产收益率（%）	行业
北大荒	600598	17.8/17.8	0.19※	1.36	5.75※	农业
隆平高科	000998	4.16/4.16	0.25※	0.84	9.47※	农业
万向德农	600371	1.71/1.71	0.49	0.05	20.35	农业
大北农	002385	3.64/8.02	0.84	2.05	18.01	农副产品加工业
江西铜业	600362	20.8/34.6	1.10※	3.37	9.47※	有色金属冶炼及压延加工业
厦门钨业	600549	6.82/6.82	0.77	1.11	14.40	有色金属冶炼及压延加工业
兴发集团	600141	3.60/4.35	0.69※	1.74※	12.50※	化学原料及化学制品制造业
盐湖股份	000792	5.77/15.90	1.58	3.73	17.03	化学原料及化学制品制造业
贵研铂业	600459	1.53/1.58	0.22※	3.72※	3.70※	有色金属冶炼及压延加工业
赣锋锂业	002460	0.79/1.53	0.46	3.07	9.26	有色金属冶炼及压延加工业

备注：见表本书第二章章末 2-1。

资料来源：作者自行整理。

第六章
日益智能化的中国

不因风水，施机自运，不劳人力。

——南朝梁·萧子显《南齐书·祖冲之传》

一、信息化及其发展

信息技术革命兴起后，全球信息化已成不可逆转之势。作为推动信息化的基本条件，如同铁路、公路和电网等基础设施在前两次工业革命中的巨大作用一样，信息化基础设施已成为生产和生活不可或缺的基础条件。伴随全球化浪潮，信息化由欧美发达国家向发展中国家渗透，以致在今天，中国等发展中国家的信息化程度已达很高水平，有些指标甚至超过欧美国家。

与此同时，信息化也在向纵深发展。在经济领域，信息化运用日益广泛，体现在农业生产和流通、工业制造、服务提供、节能减排等各个方面。政府和社会组织的信息化程度也在提高，使得其运作更加透明。

信息化重构产业格局。信息技术向产业的渗透，推动了制造过程中隐性知识的显性化，进而重构产业价值链，使得个性化定制能力成为企业获取竞争优势的重要选择。通过移动支付、互联网金融的兴起，信息技术重构传统产业商业模式，带来了网购、网络金融等新兴产业的兴起。此外，信息技术带来的变革还带来产品形态创新和产业组织体系的重组，使得向服务化转型以及提升产业链资源整合能力成为很多传统企业的必然选择。适应产业变革，构筑和培育个性化定制能力、服务化转型能力、产业链整合能力、重新定义商业模式的能力，引领潮流变化，成为产业领导者的企业必备要素。

信息化也在改变货币形态。随着互联网技术的发展，商业模式创新，腾讯Q币、Facebook币等虚拟货币的发展和广泛使用，各种虚拟货币间实现自由兑换，使得虚拟货币日益具有法定货币的价值尺度、流通手段、贮藏手段、支付手段甚至世界货币功能。公开数据显示，2011年美国虚拟货币交易额已达20亿美元，甚至超过了一些国家的交易规模，如果这种趋势得以延续，那么很多央行将面临挑战。法定货币可能会向虚拟货币妥协，如果二者可兑换，那么虚拟货币的交易深度和广度将随之扩大，在现实世界畅通无阻[51]。

信息技术仍将进一步发展。在信息技术的很多分支中，在过去几十年里发展迅速的处理技术、传输技术、显示技术的发展速度仍将延续快速发展态势，相对滞后的传感技术进入新的快速发展阶段，成为信息技术发展的亮点。信息技术在经历电子化、数字化、网络化阶段后，正处在信息化末端和智能化前端，即智能化服务阶段。多元化、网络化、多媒体化、智能化、虚拟化的信息技术发展趋势日益明显，互联网向物联网的演进日益成型。信息技术进一步发展可能成为下一次科技革命的重要催化剂。

二、中国信息化及其发展

中国改革开放既是“中国奇迹”的创造过程，也是“信息化奇迹”的创造过程。1990年以前，中国固定电话的普及率，大大低于上、中等收入国家的墨西哥和世界平均水平。1990年之后，中国进入快速的赶超过程，2003年达到墨西哥和世界平均水平；2006年，固定电话普及率达到280.4线/千人，比世界平均水平高出85.3线/千人，比墨西哥高出90线/千人，比印度高出近 7 倍。移动电话的发展日益加快，对固定电话的替代作用日益明显。1995 年，移动电话服务是典型的贵族化服务，每千人中只有 3 人能享受。2005—2010 年，移动电话用户由 3.9 亿户增至 8.6 亿户，同时固定电话用户由 3.5 亿户减至 2.9 亿户，二者出现明显替代，而且移动电话服务完全大众化。在 2000 年以前，中国与世界互联网普及率之间的差距被迅速拉大，之后开始追赶过程。2008 年中国网民规模已跃升全球第一；到 2010 年末，中国互联网上网人数达到 4.57 亿，占中国人口近 40%。与此同时，计算机普及也明显加快，信息产业发展迅速。中国在全球信息技术制造业中的比重日趋上升，中国彩电、微机、手机、程控交换机、显示器、数字视音频产品等多个产品的产量和出口量位居世界首位，“中国制造”的信息产品遍及全球。

随着网民普及率的快速提高，网络科技的迅速发展，中国互联网网络应用领域越来越广泛，互联网为网民在信息获取、商务交易、交流沟通、网络娱乐等方面发挥了重要作用。2010 年，搜索引擎用户规模 3.75 亿，年增长 33.1%；网上支付、网上银行等商务类应用用户全年增长分别达到 45.8%和 48.2%，重要性进一步提升；网络游戏、网络音乐和网络视频在网民中的使用率分别达到 66.5%、79.2%和 62.1%，网络娱乐极大丰富了中国人的生活；作为交流沟通的博客，用户规模达到 2.9 亿人，在网民中的使用率达 64.4%，年增长 33.0%[52]。此外，互联网也为企业在客户服务、内部管理、电子商务、网络营销等方面提供了较好的平台。

伴随中国信息技术和信息产业水平的提高，中国在高端领域遭遇的国际竞争日趋激烈。中国电信产品受到欧美国家的抵制日益频繁。作为国家安全和社会发展不可或缺的信息基础设施，卫星导航系统是大国地位和综合国力的重要标志。各国在空间领域的角力，是一场没有硝烟的战争。除美国外，俄罗斯在开发格洛纳斯系统，欧盟则致力于建设伽利略系统，印度、日本也在积极谋求建设独立自主的卫星导航系统。

北斗系统是继美国GPS（Global Positioning System）、俄罗斯格洛纳斯（GLONASS）、欧洲伽利略（GALILEO）之后的全球第四大卫星导航系统，是中国自力更生的产物，也是国际竞争的产物。

美国GPS是全球最早的卫星定位系统，是继阿波罗登月计划和航天飞机计划之后的第三项庞大的空间计划。它由美国国防部组织于1973年研发完成，耗资超过300亿美元，原是专门用于为洲际导弹导航的秘密军事系统。1985年，在华盛顿举办的GPS全球定位系统国际运用研讨会上，除了介绍GPS前景和用途，美国军方还告诉与会人员，GPS的编码分为军用和民用两种。在特殊情况下，为保证国家安全，军方会采取降低对方导航精度、随时变换编码、进行区域性管理这三种措施应对紧急状况。也就是说，通过以上三种方式，美国军方可以限制国内外用户使用GPS。这意味着如果依赖GPS，就会受制于人。

基于上述三种应对措施，长期以来，美国对本国军方提供的是精确定位信号，对其他用户提供的则是加了干扰的低精度信号——也就是说，地球上任何一个目标的准确位置，只有美国人掌握，其他国家只知道“大概”。

为打破美国一统天下的垄断局面，俄罗斯耗资30多亿美元建起了自己的全球卫星导航系统GLONASS。2002年，欧盟启动“伽利略计划”，计划伽利略系统于2008年投入运营。2003年，中国与欧盟签署有关伽利略计划的合作协定，但无法全面参与。经过多年试验，2006年中国决定独立研发自己的系统。2012年12月27日，北斗系统空间信号接口控制文件正式版正式公布，北斗导航业务正式对亚太地区提供无源定位、导航、授时服务，计划在2020年形成由30多颗卫星组网的覆盖全球的能力。反观“伽利略计划”，“伽利略”系统的建设却因欧洲各运营商间的争吵而大大落后于时间表，要到 2014 年才可部分使用。

北斗卫星导航系统面对的是产业竞争，也是市场竞争。目前，中国的定位服务市场已接近 1250 亿元人民币，今后 8 年有望增至 5000 亿元人民币。而据统计，GPS 在中国导航市场上所占份额在 95%以上。那么如果北斗能够如其所愿，实现 80%的中国市场占有率和 20%的全球市场占有率，那么在中国国内就有 4000 亿元人民币的价值[53]。

三、物联网及其发展

物联网（The Internet of Things ，IOT）是新一代信息技术的重要组成部分，是基于互联网、传统电信网等信息承载体，让所有能被独立寻址的普通物理对象实现互联互通的网络。普遍认为，物联网最早由 MIT Auto-ID 中心阿什顿（Ashton）教授 1999 年在研究射频识别（RFID）时提出。2005 年，在突尼斯举行的信息社会世界峰会上，国际电信联盟发布《ITU 互联网报告 2005：物联网》，正式提出了“物联网”概念，但其覆盖范围有较大拓展，不再只是指基于 RFID 技术的物联网。

从英文名称 The Internet of Things，顾名思义，物联网就是物物相连的互联网。这有两层意思：一是物联网的核心和基础仍是互联网，是在互联网基础上的延伸和扩展；二是其用户端延伸和扩展到了任何物品与物品之间。在技术上，这种网络上的信息交换和通信是通过射频识别（RFID）、红外感应器、全球定位系统、激光扫描器等信息传感设备，按约定协议，把任何物品与互联网相连接而进行，以实现对物品的智能化识别、定位、跟踪、监控和管理。

因此，只有满足以下条件的“物”才能被纳入“物联网”的范围：要有数据传输通路；要有一定存储功能；要有中央处理器（英文 Central Processing Unit，CPU）；要有操作系统；要有专门的应用程序；遵循物联网通信协议；在世界网络中有可被识别的唯一编号。

和传统的互联网相比，物联网有其鲜明的特征：

一是识别与通信特征。它是各种感知技术的广泛应用，纳入物联网的“物”一定要具备自动识别与物物通信的功能。物联网上部署了海量的多种类型传感器，每个传感器都是一个信息源，不同类别的传感器所捕获的信息内容和信息格式不同。传感器获得的数据具有实时性，按一定频率周期性地采集环境信息，不断更新数据。

二是互联网特征。它是一种建立在互联网上的泛在网络，需要联网的物一定要能实现互联互通。物联网技术的重要基础和核心仍是互联网，通过各种有线和无线网络与互联网融合，将物体信息实时准确地传递出去。在物联网上的传感器定时采集的信息需要通过网络传输，由于其数量极其庞大，就形成了海量信息，在传输过程中，为保障数据的正确性与及时性，必须适应各种异构网络和协议。

三是智能化特征，即网络系统应具有自动化、自我反馈与智能控制的特点。物联网不仅提供传感器的连接，而且其本身也具有智能处理能力，能对物体实施智能控制。物联网将传感器和智能处理相结合，利用云计算、模式识别等各种智能技术，扩充其应用领域。从传感器获得的海量信息中分析、加工和处理出有意义的数据，以适应不同用户的不同需求，发现新的应用领域和应用模式。

在物联网应用中有三项关键技术：一是传感器技术。这是计算机应用中的关键技术。迄今为止绝大部分计算机处理的都是数字信号。自从有计算机以来，模拟信号就需通过传感器转换成数字信号，计算机才能进行处理。二是 RFID（射频自动识别）标签技术。这也是一种传感器技术，是融无线射频技术和嵌入式技术为一体的综合技术。正因为有了 RFID 技术，物品才能相互交流。在物联网的构想中，RFID 标签中存储着规范而具有互用性的信息，通过无线数据通信网络把它们自动采集到中央信息系统，实现物品识别，进而通过开放性的计算机网络实现信息交换、共享与管理，从而在自动识别、物流管理中具有广阔的应用前景。三是嵌入式系统技术。这是融计算机软硬件、传感器技术、集成电路技术、电子应用技术为一体的复杂技术。经过几十年演变，以嵌入式系统为特征的智能终端产品随处可见：小到 MP3，大到卫星系统。嵌入式系统正在改变人类生活，推动着工业发展。

物联网是智能化的技术核心。智能化是信息化与工业化融合的必然途径，物联网作为“两化融合”的切入点，可以大大促进信息化应用。通过关键技术运用，物联网把新一代 IT 技术充分运用在各行各业之中，出现了智能电网、智能交通、智能物流、智能医疗、智能家居等智能产业形态。得益于智能化，企业将能更好地利用数据价值，理解和满足市场需求，挖掘内外资源，优化组织生产能力。

物联网发展离不开数据分析与优化技术。与之前的互联网相比，物联网处于一个大数据时代。2012 年 3 月，美国联邦政府宣布投入巨资启动大数据的研发任务，并把大数据提到与史上互联网、超级计算机一样的高度，成为国家战略。面对更大更多的数据，数据分析与优化作为物联网的关键技术之一，是物联网发挥价值的关键所在。随着物联网业务量增加，对数据存储和计算量的需求还将带来对云计算能力的要求。

根据美国国家标准与技术研究院（NIST）定义，云计算（cloud

computing）是一种按使用量付费的模式，这种模式通过提供可用、便捷、按需的网络访问，进入可配置的计算资源共享池。这些资源包括网络、服务器、存储、应用软件服务等，只需投入少量管理工作，或与服务供应商进行很少交互，就能被快速提供。云是网络、互联网的比喻说法。按照狭义的云计算定义，云计算是指 IT 基础设施的交付和使用模式，指通过网络以按需、易扩展的方式获得所需的资源（硬件、平台、软件）。提供资源的网络被称为“云”。“云”中的资源在使用者看来是可以无限扩展的，并且可以随时获取，按需使用，随时扩展，按使用付费。这种特性经常被称为像水电一样使用 IT 基础设施。而广义的云计算定义则是指服务的交付和使用模式，是通过网络以按需、易扩展的方式获得所需的服务。这种服务可以是 IT 和软件、互联网相关的，也可以是任意其他的服务。通过这项技术，网络服务提供者可以在数秒之内，达成处理数以千万计甚至亿计的信息，达到和“超级计算机”同样强大效能的网络服务。

云计算自 2006 年 Google 首次提出后，短短数年间，已作为信息技术的重大飞跃，给人类生活、生产方式和商业模式带来巨大变化，对全球信息社会产生深远影响。Amazon、Google、IBM、微软和 Yahoo 等大公司是云计算的先行者，其他成功公司还包括 Salesforce、Facebook、Youtube、Myspace 等。

物联网是继计算机、互联网和移动通信之后信息产业的又一次革命性发展。据美国研究机构 Forrester 预测，物联网带来的产业价值将比互联网大 30 倍，成为下一个万亿元级别的信息产业业务。2020 年之前，全球接入物联网的终端将达 500 亿个。在中国，2012 年物联网产业市场规模达到 3650 亿元，比上年增长 38.6%[54]。2015 年，中国物联网整体市场规模有望达到 7500 亿元，年复合增长率超过 30.0%。

近年来，发展物联网在各国已成战略共识。发达国家更是早已积极推动物联网发展规划。美国政府在金融危机后积极响应 IBM 的“智慧地球”理念，将其作为国家战略，强调传感等感知技术的应用，提出建设智慧型基础设施；欧盟 2009 年 6 月制定了物联网 2020 里程碑计划（I-Europe），强调 RFID 广泛应用，注重信息安全；日本和韩国的泛在网络也已发展多年。2009 年 8 月，日本在 U-Japan 的基础上推出 I-Japan 战略，强调电子政务和社会信息服务应用。

智能终端产业的迅猛发展正在推动物联网快速发展。苹果等智能终端产业的迅猛发展，有望加速应用层、传输层和感知层形成一个完整的网。尤其是智能终端在物联网的传输层、感知层方面有着强大的创新驱动力，比如智能手机的近场支付已为移动运营商所注意，从而成为产业资本竞相大力发展的对象，这无疑有利于提高物联网传输层、感知层的整合能力，驱动完整物联网的形成。

中央和地方政府对物联网行业在资金和政策上均给予大量支持。国家“十二五”规划明确提出，要发展宽带、融合、安全的下一代国家基础设施，推进物联网的应用。2010 年 9 月，物联网被《国务院关于加快培育和发展战略性新兴产业的决定》确定为新一代信息战略性产业。2011 年 12 月，《物联网“十二五”发展规划》正式印发，提出物联网发展的重点领域主要涉及智能工业、智能农业、智能物流、智能交通、智能电网、智能环保、智能安防、智能医疗和智能家居等。2013 年 2 月 17 日，国务院发布《关于推进物联网有序健康发展的指导意见》，明确提出要加强中央财政支持力度，统筹利用好战略性新兴产业发展专项资金、物联网发展专项资金等支持政策。同时，积极支持符合条件的物联网企业在海内外资本市场直接融资，鼓励设立物联网股权投资基金。

2009年中央多次提出“感知中国”，物联网被列入国家战略性新兴产业，写入“政府工作报告”，都表明物联网在中国受到极大关注，这是在美国、欧盟及其他国家不可比拟的。物联网已成为“中国制造”概念，其覆盖范围与时俱进，已超越1999年阿什顿教授和2005年ITU报告所指范围，被贴上了“中国式”的标签。

“三网融合”是物联网“中国式”标签的主要标志之一。三网融合是指电信网、广播电视网、互联网在向宽带通信网、数字电视网、下一代互联网演进过程中，通过技术改造，使技术功能、业务范围趋于一致，实现互联互通、资源共享，为用户提供语音、数据和广播电视等多种服务。三网融合后，各大运营商在同一市场竞争，价格自然下调，从而大大促进中国物联网发展。

在政策培育下，物联网产业高速发展，一批细分产业产值已突破千亿。2010年中国物联网的总产值约1900亿元，中国物联网产业市场规模达到3650亿元，年增速接近40%，据预测，2017年将超过万亿元级。保守估计，未来3至5年物联网核心细分产业（如传感器等）的增速将会维持35%以上的年复合增速[55]。目前物联网在智能交通、智能电网、智能安防、智能医疗等领域的应用都已比较成熟，未来将在工业、农业、环保、食品安全、政府职能方面得到更广泛的运用。

四、建设智慧城市

智慧城市是物联网进一步发展的产物。物联网作为实现信息化与工业化融合、信息化与城市发展融合的重要途径，以及建设数字城市的关键基础，在城市中全面深入发展的时候，智慧城市就出现了。智慧城市是在新一代信息技术和下一代互联网的融合下，实现物联网感知、云计算终端、互联网共享，最终实现智慧城市的集成。

智慧城市通过广泛采用物联网、云计算、人工智能、数据挖掘、知识管理等技术，提高城市规划、建设、管理、服务的智能化水平，使城市运转更高效、更敏捷、更低碳。在智慧城市中，整个物联网所涵盖的软、硬件的信息技术、控制技术都结合起来，城市变得智能化、智慧化。

早在 2007 年，欧盟就提出一系列智慧城市的建设目标。而到 2008 年，IBM 总裁彭明盛在美国对外关系委员会会议上以“感知化、物联化和智慧化”为核心，首次明确提出“智慧星球”，进而衍生出“智慧城市”概念，目标是在智能电网、自来水管理、解决交通拥堵、绿色建筑以及通信技术等多方面着手，实现城市经济增长、近期效率、可持续发展及社会进步。2009 年 9 月，艾奥瓦州迪比克市和 IBM 共同宣布，建设美国第一个智慧城市。

随着全球物联网、新一代移动宽带网络、下一代互联网、云计算等新一代信息技术迅速发展及深入应用，城市智慧化发展已经成为必然趋势。智慧城市作为在物联网、云计算等新一代信息技术的支撑下形成的新型信息化城市形态，有利于应对挑战，解决现有城市问题。

目前，全球城市化进程加快，人口、技术、服务等各类资源越来越集中于城市。据统计，日本和美国前 5 大城市的 GDP 占全国 GDP 的份额高达 70%~80%；英国、法国、韩国等最大城市（大部分为首都）的 GDP 占全国 GDP 的份额也达 20%~30%。中国城市化快速发展，2012 年城镇化率已达 52.57%。目前全球城市人口已超过 50%，至 2050 年将超过 70%。城市已成为世界经济、政治和科技的中心。

同时，城市也面临管理效率低、环境污染、交通堵塞、能源紧缺、医患矛盾等诸多威胁和挑战。在城市人口快速增长的情况下，安全问题、交通拥堵、食品安全、医疗资源紧张、环境污染、公共卫生事件、教育资源分配不均、就业压力等城市问题进一步凸显。

智慧城市具有感知化、物联化、智能化的特点。智慧城市实施将能直接帮助城市管理者在交通、能源、环保、公共安全、公共服务等领域取得进步；智慧基础设施建设将为物联网、新材料、新能源等新兴产业提供广阔市场，并为知识型人才提供大量就业岗位和发展机遇；智慧城市还可以为地方政府管理城市、引导城市发展提供先进手段，成为衡量城市科学发展水平的一把尺子。智慧城市在解决交通拥堵、食品安全、公共安全、医疗卫生等各种城市发展难题，加强和创新社会管理，促进政府职能转变，以及加大科技创新力度，催生大规模新兴产业等方面，都大有可为。

建设智慧城市，已成为信息时代城市发展的新模式。智慧城市已被世界各国确定为金融危机后振兴经济的关键策略。近年来，一些国家、地区和城市先后提出建设“智慧国家”、“智慧城市”的发展战略和计划。新加坡、美国和韩国等众多国家都先后启动智慧城市的建设。目前全球至少有 200 个城市正在推进建设智慧城市，智慧城市的应用已经散落在从环保到交通、从航空到食品监管的各种项目和领域。

在欧洲，智慧城市在通过改善交通促进节能减排等方面发挥了很好的作用。以智慧经济、智慧环境、智慧治理、智慧机动性、智慧居住以及智慧人这 6 方面作为智慧城市评价标准，欧盟的评估结果显示，瑞典、芬兰、荷兰、卢森堡、比利时和奥地利等国家的城市智慧程度比较高。

智慧城市也在中国蓬勃兴起。中国在经历了前几轮大规模投资刺激后，传统项目的边际效应已明显下降，新型城镇化成为未来国民经济持续健康发展的重要方向。将集约、低碳、生态、智慧等先进理念融合到城镇化的过程中成为新型城镇化的题中之义。智慧城市顺应当前全球先进城市发展演进和技术变革的时代潮流，是中国新一轮城市发展与转型的客观要求，也是提升中国城市品质和竞争力的必然途径。截至 2012 年年底，中国已有 320 个城市投入 3000 亿元建设智慧城市。2013 年 1 月 29 日，包括北京市东城区、河北省石家庄市、江苏省无锡市、浙江省温州市等 90 个城市（区、镇）成为首批国家智慧城市试点。初步预测，“智慧城市”市场规模在“十二五”期间累计将超过 7000 亿元，“十三五”期间累计将达到数万亿。

智慧城市以物联网为基础，反过来又有利于推进物联网建设。地方政府大力推进智慧城市建设，势必努力打破通信巨头垄断，大力推进“三网融合”，以期形成基于互联网或三网合一的公共信息平台，实现信息资源共享。在加快建设智慧城市的过程中，庞大的监控体系、完善的监控网络为物联网的感知层与传输层发展注入了新的活力。与此同时，城市安防所涉及的监控体系也为物联网产业应用打开了想象空间。

智慧城市是建设“感知中国”和“智慧星球”的重要节点。当一大片智慧城市建立起来、形成网络的时候，“感知中国”和“智慧星球”的愿景才能出现。

五、智能化的投资选择

智能化的投资机会主要体现在物联网产业、智能制造、卫星导航等各个方面。

1. 物联网产业：中国近年来互联网产业迅速发展，网民数量全球第一，在未来物联网产业发展中已具备一定基础。物联网行业的应用需求和领域非常广泛，潜在市场规模巨大。物联网产业在自身发展的同时还将带动传感器、微电子、视频识别系统一系列产业的同步发展，带来巨大的产业集群生产效益。

(1) 物联网技术包括感知层、信息汇聚层、传输层、运营层与应用层五个层面。因此物联网产业链可细分为标识、感知、处理、信息传送、控制管理五个环节，各环节的关键技术分别为射频识别（RFID）、传感器(MEMS)、智能芯片和电信运营商的无线传输网络。

一是 RFID 产业。RFID 和传感器是整个网络的触角，RFID 更是物联网发展的排头兵，市场前景广阔。随着物联网的铺开以及多个应用项目的推广，非接触 IC 卡、电子标签等 RFID 标签卡将继续大规模扩张。投资者可以关注与 RFID 相关的上市公司。

二是互联网智能终端。智能手机、平板电脑、GPS 等智能终端产业具有人力、工艺密集，管理要求高，产业集群效益显著的特点，中国在这些产业具有长期优势，并在产业链内占有重要地位。投资者可以重点关注在国际一线终端品牌产业链中占有稳固地位的专业公司。

三是功率半导体器件和被动器件。这些器件是新能源、新能源汽车、节能减排等新兴产业的物质基础和关键组件。投资者可以关注相关上市公司。

四是发光二极管 LED。LED 照明是节能减排的重要途径。投资者可以关注相关上市公司。

五是云计算。云计算革命性地提升了物联网数据管理层的运算能力，使得物联网的“智能”和“泛在”两大核心特点得以实现，应用广度和深度得到大大拓展。作为计算机技术进步方向，云计算必定是信息服务大力推进的方向。投资者可以关注相关上市公司。

(2) 物联网大量应用于智能电网、智能交通、智能物流、智能医疗、智能家居等领域。根据《物联网“十二五”发展规划》，物联网应用的重点领域分别是智能电网、智能交通、智能物流、智能家居、环境与安全检测、工业与自动化控制、医疗健康、精细农牧业、金融与服务业、国防军事这十大领域。可重点关注智能电网和智能交通。

智能电网（Smart Grid）是建立在集成、高速双向通信网络基础上，通过先进传感和测量技术、设备、控制方法及决策支持系统技术，实现电网可靠、安全、经济、高效、环境友好和使用安全目标的输电网络。智能电网不仅通过使用超导传输线减少电能传输损耗，而且还具有集成风能、太阳能等新能源的能力，具有自愈、激励用户、抵御攻击、提供满足 21 世纪用户需求的电能质量、容许各种不同发电形式接入、启动电力市场及资产优化高效运行等主要特征。由于风能、太阳能等清洁能源的开发利用以生产电能形式为主，建设智能电网可以显著提高电网对清洁能源的接入、消纳和调节能力，有力推动清洁能源发展，对促进节能减排、发展低碳经济具有重要意义。

在资源压力、节能减排和低碳经济的大背景下，智能电网是满足中国日益增长的电力需求、日益丰富的多种能源接入需求以及提升能源效率的必然选择。2009 年 5 月，国家电网公司正式发布“坚强智能电网”发展战略。2010 年 3 月，“加强智能电网建设”被写入《政府工作报告》，成为国家的基本发展战略。根据国家电网公司《关于加快推进加强智能电网建设的意见》，2020 年，中国将建成以华北、华东、华中特高压同步电网为中心，东北特高压电网、西北 750 千伏电网为终端，联结各大煤电基地、大水电基地、大核电基地、大可再生能源基地，各级电网协调发展的智能电网。华北、华东、华中特高压同步电网形成“五纵六横”主网架。

据《物联网“十二五”发展规划》，“十二五”期间，物联网重点投资智能电网、智能交通、智能物流等十大领域，其中智能电网的总投资预计达 2 万亿元，居十大领域之首，预计到 2015 年将形成核心技术的产业规模 2000 亿元。

智能电网建设可分为发电、输电、变电、配电、用电以及电网调度六大环节。截止 2020 年，中国智能电网将处于全面建设阶段，新能源并网、柔性输电技术、智能变电站、配电自动化、智能电表以及智能调度系统等智能电网各环节的投资机会都在逐步显现。投资者可以关注相关上市公司。

配电网作为电网建设的薄弱环节，将受益于城镇化，已在“城市化趋势”一章中有专门叙述。

智能交通。智能交通是缓解城市交通压力、降低交通事故的重要手段，可以获得政府部门大量投资。政府公共服务部门作为智能交通应用的主要采购力量，保证了行业快速发展。投资者可以关注智能交通前端的视频监控设备厂商、整体解决方案厂商及城市智能交通运营商等相关上市公司。

2. 智能制造：智能制造（Intelligent Manufacturing，IM）是一种由智能机器和人类专家共同组成的人机一体化智能系统，它在制造过程中能进行分析、推理、判断、构思和决策等智能活动。它把制造自动化的概念更新，扩展到柔性化、智能化和高度集成化，最终实现从以人为主要决策核心的人机和谐系统向以机器为主体的自主运行转变，是制造技术发展尤其制造信息技术发展的必然，是自动化和集成技术向纵深发展的结果。

劳动力成本上升、人民币升值以及环境、资源等瓶颈，意味着中国生产要素价格重估的开始，中国低成本优势将逐步消失。用智能制造来应对中国内地劳动力成本提升，提高生产效率，是必然之举。投资者可以关注相关上市公司。

3. 卫星导航：航天科技是国际科技竞争的最尖端领域，卫星导航则是近期航天产业最具前景的领域。北斗卫星导航系统是国家战略的一部分，其研发与商业运行，都有国家力量推动。2013 年 1 月，交通运输部印发《关于加快推进“重点运输过程监控管理服务示范系统工程”实施工作的通知》要求，天津、河北、江苏、安徽等 9 省（区、市）作为示范省份，须在 3 月底前完成本省 80%以上北斗/GPS 双模车载终端安装任务。自 6 月 1 日起，所有新进入示范省份运输市场的“两客一危”车辆及重型载货汽车和半挂牵引车，在车辆出厂前应安装北斗/GPS 双模车载终端，重型载货汽车和半挂牵引车应接入全国道路货运车辆公共监管与服务平台。凡未按规定安装或加装北斗/GPS 双模车载终端的车辆，不予核发或审验道路运输证。此外，政府支持还将体现在，政府或央企优先采购北斗产品，税收优惠、财政补贴、相关政策等。

北斗卫星导航产业的证券投资机会：一是在产业链上游的卫星导航系统建设方面，即北斗卫星制造、卫星芯片及卫星运营与系统集成。投资者可以关注相关上市公司。二是在产业链下游方面，即北斗卫星导航面向大众消费者的导航设备，包括手持、车载导航仪及相关应用软件。其中尤以车载导航设备最为消费者熟知。投资者可以关注相关上市公司。

表6-1 重点关注股票之五（2012年数据）

股票名称	股票代码	流通股/总股本（亿股）	每股收益（元）	每股资本公积金(元)	加权净资产收益率（%）	行业
航天信息	600271	9.23/9.23	1.10	0.22	20.08	计算机及相关设备制造业
中瑞思创	300078	0.63/1.68	0.43	5.10	6.16	计算机及相关设备制造业
歌尔声学	002241	5. 49/8. 48	1. 10	3. 11	21. 51	计算机及相关设备制造业
大华股份	002236	3.05/5.58	1.25	0.25	38.51	电子设备制造业
劲胜股份	300083	0.73/2.00	0.48	4.20	7.67	计算机及相关设备制造业
顺络电子	002138	3.14/3.14	0.39	1.67	10.63	计算机及相关设备制造业
水晶光电	002273	2.23/2.50	0.59	1.64	14.88	计算机及相关设备制造业
电科院	300215	1.00/1.80	0.79	4.36	12.56	专业技术服务业
银江股份	300020	2.35/2.40	0.49	0.98	15.70	软件和信息技术服务业
海康威视	002415	5.71/20.09	1.05	0.95	27.44	计算机及相关设备制造业
机器人	300024	2.98/2.98	0.70	1.64	16.14	通用设备制造业
海格通信	002465	0.85/3.33	0.79	9.79	6.14	计算机及相关设备制造业
中海达	300177	0.88/2.00	0.36	2.15	9.36	通信及相关设备制造业

备注：见本书第二章章末表2-1。

资料来源：作者自行整理。

第七章
科技革命的机遇

技兼于事，事兼于义，义兼于德，德兼于道，道兼于天。

——战国·庄周《庄子·天地》

一、科学技术革命

科技革命是科学革命和技术革命的合称。科学革命是能引发人类生活观念深刻变化的科学巨变，表现为新科学理论体系的诞生。技术革命是能引发人类生产方式深刻变化的技术巨变，表现为生产工具和工艺过程方面的重大变革。科学革命是技术革命的基础和出发点，科学革命引起技术进步；而技术革命是科学革命的结果，先进技术及其应用成果反过来为科学研究提供有力工具。

目前人们对前工业革命和信息技术革命的定义没有异议，而对其他科技革命的分段则存在分歧。比如，美国华盛顿特区经济趋势基金会总裁杰里米·里夫金（Jeremy Rifkin）在《第三次工业革命》中描绘的第三次工业革命，就是一场人类能源革命：通过可再生能源生产与互联网技术相结合，全球数以亿计的普通人将可以在自己家庭和办公室生产出绿色能源，并在“能源互联网”上共享，如同现在在互联网上发布和分享消息。在里夫金看来，第三次工业革命标志着以合作、社会网络和行业专家、技术劳动力为特征的新时代的开端。在接下来的半个世纪，第一次和第二次工业革命时期传统、集中式的经营活动将逐渐被第三次工业革命的分散经营方式取代；传统、等级化的经济和政治权力将让位于以社会节点组织的扁平化权力。能源新模式有可能从根本上重塑人际关系，将影响我们如何做生意、如何管理社会、如何教育子女和如何生活。

里夫金关于第三次工业革命的观点已逐渐成为欧洲政策的一部分。

2006年，里夫金开始与欧洲议会的高级官员共同起草第三次工业革命的经济发展计划。2007年5月，欧洲议会发布正式书面声明，宣布把第三次工业革命作为长远经济规划及欧盟发展路线图。目前，欧洲委员会的诸多机构及其成员国正在执行第三次工业革命的路线图。

在中国学者看来，以显著改变人类思想观念、显著改变人类生活方式和生产方式、社会影响人口覆盖率一般超过50%为科技革命的判断标准，在过去500年里，世界上大约发生了五次科技革命，其中有两次科学革命，三次技术革命[56]。16世纪和20世纪的两次科学革命，改变了人类对物质世界的认识，形成了新的世界观和方法论；工业时代的技术革命，带来了机械化、电气化和自动化的生活和生产方式；信息革命是跨两个世纪（20/21世纪）的革命。

第一次科技革命是16~17世纪的近代科学诞生。这是第一次科学革命，主体是天文学、物理学，前后历时144年。在此期间，哥白尼发表了《天体运行论》；伽利略提出了把试验方法与数学相结合的科学理论；牛顿发表《自然哲学的数学原理》，建立了现代理论体系和实验研究方法，为近代科学的形成和发展奠定了基础。

第二次是18世纪中后期的蒸汽机和机械革命，出现在18世纪60年代，前后历时140多年。这是第一次技术革命，主体部分是动力技术（蒸汽机）和机器制造（纺织机和工作母机），带动部分涉及煤炭、冶金、化工和运输等行业。以18世纪60年代蒸汽机发明和使用为开端，到1840年前后，大机器生产成为工业生产的主要方式。工业革命创造的巨大生产力，使社会面貌发生巨大变化，资本主义最终战胜了封建主义。18世纪中叶，英国成为世界上最大的资本主义殖民国家，国外市场急剧扩大。这次科技革命开启了工业革命，工业化迅速推进，工业在产业结构中逐渐居于主导地位，使得经济社会各方面旧貌换新颜。

第三次科技革命是电气和运输革命。这是第二次技术革命，主体部分是电力技术、内燃机和电讯技术，开启了电力、钢铁和重型机械制造时代。它以1866年德国科学家西门子发明发电机为标志，到无线电广播普及，大约持续70多年。发电机的发明，实现了电能和机械能互换。随后，电灯、电车、电钻、电焊机等电气产品如雨后春笋般涌现出来。

第四次科技革命是出现在20世纪初的相对论和量子论革命。这是第二次科学革命，主体部分涉及物理学，具体表现为量子论和相对论的提出，以及伦琴发现X射线和汤姆逊发现电子，又扩展到天文学、遗传学、地质学、计算机科学等学科的产生。由于相对论和量子论的应用，产生了原子结构、分子物理、核能、激光、半导体、超导体、超级计算机等理论和应用，因此可以说，没有相对论和量子论，就没有今天的科技文明。

第五次科技革命是20世纪中后期的电子和信息革命。这是第三次技术革命，开启了信息时代。它以电子计算机和信息网络为标志，表现为电子技术、计算机、半导体、自动化乃至信息网络的产生。这次科技革命具体包括电子技术革命和信息技术革命两个阶段，带动部分或辐射面比前两次技术革命要宽得多，预计历时约70多年，在2020年左右结束。

上述五次科技革命，从重大经济效益和社会效益角度看，第一次科技革命中的科学启蒙为后来的机械革命等奠定了理论基础；第二次科技革命开始了工厂大生产方式为特征的工业革命；第三次科技革命拓展了新兴市场，开拓了现代化的工业时代；第四次科技革命推动了20世纪绝大部分的科技文明；第五次科技革命促进了经济全球化，开启了知识爆炸的时代。从人与自然的关系看，工业时代的技术特点分为三个阶段——机械时代（18世纪开始）、电气时代（19世纪开始）、电子时代（20世纪40年代开始）；知识时代的技术特点也分为三个阶段——信息时代（20世纪70年代开始）、再生时代（预计21世纪20年代开始）、宇航时代（预计21世纪下半叶）。因此，如果说 18~20 世纪的科技重点是人类认识自然、征服自然，最大限度满足人类的物质生活需要，那么 21 世纪的科技重点则是人类认识自己、改变自己，全面提高物质和文化生活质量，提高人类可持续性和适应宇航时代的需要。

抓住科技革命机遇，是实现国家繁荣的关键所在。英国引领了第一、二、四次科技革命，抓住机遇，成为世界强国，现在虽然“帝国斜阳”，但仍为发达国家。德国在英国之后，引领第三次和第四次科技革命，一度也是世界上最发达的国家，二战后满目疮痍，但现在也仍是发达国家。美国引领第三、四、五次科技革命，成为世界强国，是当代最发达国家。俄罗斯抓住第三次和第四次科技革命，成为世界强国。日本抓住第三、四、五次科技革命，升级为发达国家。芬兰和爱尔兰抓住第五次科技革命机遇，成为发达国家。

反之，如果错失机遇，国家发展就可能受到制约甚至落后于人。葡萄牙忽视第一次和第二次技术革命，就从头号强国降为中等发达国家。印度和中国错失第一、二、三、四次科技革命，分别沦为殖民地和半封建半殖民地国家。苏联忽视第五次科技革命，科技发展遭遇瓶颈。由于苏联领导人对信息技术革命缺乏应有的清醒认识，苏联在信息技术革命中被西方发达国家远远地抛在后面，加速了衰落，最终走向国家解体。

有学者认为，第六次科技革命很可能出现在 2020 年至 2050 年前后。它可能得益于第五次信息科技革命的推动，以生命科学为基础，主要发生在生命科技、信息科技、纳米科技三大科技的交叉结合部，满足信息需求（信息革命的后半部分）、生命需求和宇航需求（包括新能源）[57]。它可能将引发第五次产业革命，实现科学革命、技术革命和产业革命的交叉融合。其影响深远，人造组织和器官可能因此产业化，基于纳米技术的超微机器人可能因此出现，绿色产业因此蓬勃发展，空间科技、海洋科技、国防科技、人工智能以及社会科学、行为科学、科技伦理等也都将受到较大影响。

就科学领域来说，在外部技术变革和内部自身的重大问题或者挑战的推动下，一些重要科学问题的研究孕育着未来的大突破。比如，对物质结构的研究可能使人类走向对原子、分子甚至电子进行调控的时代，进而产生新的科技突破；对暗物质、暗能量、反物质的探测很可能在21世纪取得突破性进展，极大地改变人类对宇宙的认识，甚至可能颠覆我们现有的世界观。

就技术领域来说，在现代化进程强力需求的拉动和现代科学的支持下，技术革命和产业变革将加快出现。比如，对大脑思维和信息处理的机理，及其数字化模拟和仿真的研究，将可能导致人脑与电脑之间实现信息直接转换；量子通信将引发一场通信领域的变革；新型网络技术将继续深刻改变人际间交流和共享信息的基本模式，触发经济、社会、文化领域的变迁；纳米仿生材料、仿生器官的设计和制造等，将可能使人类获得新的生存形式和手段。

就技术领域而言，美国国家情报委员会在2012年12月发表的报告《2030年全球趋势：变换的世界》中，提供了更为清晰的视角。它认为，信息技术、制造和自动化技术、与资源保护相关的技术以及卫生保健技术这四类技术将影响2030年前全球经济、社会、军事发展和世界环境行动举措。其中，在信息技术领域，大数据存储和加工技术、社会网络技术以及智能城市技术等将改变人们的生活和经营方式。在制造和自动化技术领域，3D打印和机器人技术等有望改变发达和发展中国家的工作方式，自动和遥控车辆将影响军事行动、交通和地球探测。转基因作物、精准农业、生物能、太阳能等一系列技术突破将提高农业生产率，并影响食物、水和能源的关系。卫生保健技术的进步将大大延长人们的预期寿命并提高生活质量。

先进制造技术正在重构全球竞争格局。其意义不仅在于有利于减少发达国家产业“外包”，推进“再工业化”，而且更在于它大大降低了高技术制造业门槛，使得在人力成本、物流成本、管理成本更有优势的新兴市场国家有机会全面进军高技术产品制造业，进而加剧高端制造业的国际竞争。机器人广泛应用所带来的全球生产成本下降，就可能导致发达国家与新兴国家的成本竞争领域由劳动力转向机械人。正因为如此，面对供应链作为制造业向美国扩张的最大挑战，美国总统奥巴马在 2012 年秋季第二次总统大选辩论中说，某些低技能的工作不要回来，美国应把重点放在开发更先进的生产技术方面。

二、中国的科技发展

科技是经济发展的强大动力。科技发展的未来，决定着中国未来。由于历史原因，中国错失了前四次科技革命，人均国民生产总值指标急剧下降。以社会生产力（按购买力平价计算的人均国内生产总值）为指标，中国的世界排名 1700 年排在 18 位，1820 年排在 48 位，1900 年排在 71 位，1950 年排在第 99 位，一路下滑。直到 20 世纪后半叶，中国抓住了第五次科技革命的机遇，工业化和经济增长比较快，中国经济一枝独秀，世界排名才开始出现逆转。

旧中国的科技工作一穷二白。国内仅有 30 多个专门研究机构，全国科学技术人员不超过 5 万人，专门从事科学研究工作的人员不足 500 人。新中国成立后仅一个月的 1949 年 11 月，中国科学院在京成立，一批科研机构相继建立，钱学森、华罗庚等爱国海外学者纷纷归国效力，政府大力培养科技人才，中国科技事业进入快速发展的历史阶段。

1956年召开的全国科技大会提出“向科学进军”的口号，是新中国科技发展史上的第一个里程碑。在此后极困难的十多年里，中国仍然取得了中国第一台电子管计算机试制成功（1958年），半导体三极管、二极管研制成功、李四光等人提出“陆相生油”理论（1959年），王淦昌等人发现反西格玛负超子（1960年），第一颗原子弹装置爆炸成功、第一枚自己设计制造的运载火箭成功发射（1964年），在世界上首次人工合成牛胰岛素（1965年），第一颗氢弹空爆成功（1967年），“东方红一号”人造地球卫星发射成功（1970年）等一批重大成果，为科技事业继续发展打下了坚实基础。

改革开放后，中国科技事业迎来了新的春天。在1978年召开的全国科学大会上，“科学技术是第一生产力”的论断成为新中国科技发展史上的第二个里程碑。之后一系列科技规划和科技计划的制定和实施，为新时期中国科技事业发展奠定了基础。在市场机制和国家大力支持的双重推动下，中国科技事业取得了令人鼓舞的成就，在航天科学、信息技术、生物科学等尖端领域取得了载人航天工程、量子信息领域避错码、杂交水稻技术等一系列突破性的重大成果。专利申请量和授权量逐年增加。2011年，国家知识产权局受理的发明专利申请量首次超过美国，跃居世界第一位，占全球总量的1/4；2012年7月，中国发明专利累计授权量突破100万件，中国为此耗时27年，成为世界上实现这一目标最快的国家[58]。中国科技论文数量大幅增长，在质量和影响力上也有显著提高。截至2012年11月，中国热点论文259篇，占世界热点论文总数的11.2%，位居世界第四位；2002—2012年（截至2012年11月1日），中国科技人员共发表国际论文102.26万篇，位居世界第二位，论文共被引用665.34万次，位居世界第六位，同时共有14个学科论文被引用次数进入世界前10位[59]。在航天、高铁、通信等产业的部分科技领域，中国已达世界先进水平。

在国家相关政策引导和一批高技术研究成果的有力支撑下，以医药制造业、航空航天制造业、电子及通信设备制造业、电子计算机及办公设备制造业、医疗设备及仪器仪表制造业为代表的中国高技术产业快速增长，产业规模和出口总额跻身世界前列。2004—2011 年，规模以上高技术制造业增加值年均增长 16.8%，增速比规模以上工业高 1.6 个百分点。2011 年，高技术制造业总产值达到 8.8 万亿元，比 2002 年增长 4.9 倍，移动电话、彩电、计算机、部分药物等主要高技术产品的产量居世界第一。在信息领域，集成电路芯片设计能力大幅提升，12 英寸集成电路芯片制造能力和设备配套能力显著增强；在航空航天领域，载人航天、探月工程、北斗导航等取得重大进展；在生物领域，创新药物和疫苗、基因工程、诊断试剂、生物育种等产业创新活力旺盛，成为高技术产业发展的新引擎。高技术产业的快速发展还带动了中国高技术产品进出口贸易的不断扩大，高技术产品出口在中国对外贸易中的作用越来越明显。2011 年高技术产品出口占商品出口总额的份额为 28.9%，比 1986 年的 2.3%增加了 26.6 个百分点[60]。

没有科技发展就没有未来中国的发展。当人口红利日益趋于枯竭的时候，科技创新更是提升国际竞争力的法宝。中国工业化由中期向后期变化，也意味着经济发展的驱动因素要由资本投入主导向技术进步主导转变。中国作为一个后起的发展中国家，不仅要在新兴科学技术方面与发达国家竞争，而且还要在既有科学技术领域弥补差距。因此对中国而言，科技的发展领域不仅仅是最尖端的，而且还包括既有并不尖端的领域。中国又是一个具有较强综合国力的发展中国家，具有大力支持科学技术发展的经济和人才实力，通过合适的制度安排，中国应能在科学技术领域取得更大进步。

三、战略性新兴产业的发展

战略性新兴产业是以重大技术突破和重大发展需求为基础，对经济社会全局和长远发展具有重大引领带动作用，知识技术密集、物质资源消耗少、成长潜力大、综合效益好的产业。新兴科技、新兴产业和战略性是战略性新兴产业的三个关键词。

战略性新兴产业是科技革命与产业发展相结合的产物，是新兴科技和金融、工业、商业的深度结合。它既代表着科技创新方向，又代表着产业发展方向，推动了新一轮产业革命。在科技革新力量推动下，一批又一批新兴产业在战胜重大经济危机的过程中孕育和成长，并以其特有的生命力成为新的经济增长点、成为摆脱经济危机的根本力量，并在危机过后，推动经济进入新一轮繁荣。发达国家主导的新兴产业，将成为全球产业结构调整、产业转移和技术转移的重心。

历史经验表明，经济危机往往是通过科技革命实现结构转变优化的时期。科技上的重大突破和创新，推动经济结构重大调整，提供新的增长引擎，使经济重新恢复平衡并提升到更高水平。谁在科技创新方面占据优势，谁就能掌握发展主动权，率先走向复苏和繁荣。1857 年的世界经济危机作为首次波及全球的生产过剩危机，曾经引发电气革命，推动人类社会从蒸汽时代进入电气时代。内燃机和电动机逐步取代蒸汽机，创造了电力与电器、汽车、石油化工等一大批新兴产业，同时大幅提升机械、冶金等产业的发展水平，使得工业文明成为世界发展的主流。1929 年的世界经济危机作为20世纪最严重的全球经济危机，则引发电子革命，推动人类社会从电气时代进入电子时代。电子产业的迅猛发展带动了一批高技术产业崛起，推进传统产业升级换代，导致世界产业结构发生重大变化，全球化、知识化、信息化、网络化的新时代逐步到来，逐步形成有别于以往工业革命的新型人类文明形态。

发展战略性新兴产业已成为世界主要国家抢占新一轮经济和科技发展制高点的重大战略。面对当前这场国际金融危机，各国都在抢占科技制高点，全球进入空前的创新密集和产业振兴时代。2009年2月，美国政府提出了总额7870亿美元的经济刺激计划，其中有1200亿美元用于支持高科技产业。同年4月，奥巴马总统在美国国家科学院年会上进一步提出，将研发投入提高到3%GDP的历史最高水平，力图在新能源、基础科学、干细胞研究和航天等领域取得突破；随后又两次提出美国科技主攻方向，包括节能环保、智慧地球等。欧盟宣布到2013年以前，将投资1050亿欧元发展绿色经济，保持在绿色技术领域的世界领先地位。英国从高新科技特别是生物制药等方面，加强产业竞争优势。日本重点开发能源和环境技术。俄罗斯提出开发纳米和核能技术。2011年以来，随着欧美债务危机扩散蔓延，世界经济原有增长方式已难以为继。更多依靠科技创新来谋求发展新优势，越来越成为大多数国家的共同选择。

在中国，战略性新兴产业的提出可追溯到2009年。2009年9月21日至22日，有三次新兴战略性产业发展座谈会，主要是听取经济、科技专家的意见和建议。会上强调，发展新兴战略性产业，是中国立足当前渡难关、着眼长远的重大战略选择，要以国际视野和战略思维来选择和发展新兴战略性产业。

2009年11月3日上午，在《让科技引领中国可持续发展》的讲话强调了科学选择新兴战略性产业非常重要，选对了就能跨越发展，选错了将会贻误时机。中国发展新兴战略性产业，具备一定的比较优势和广阔的发展空间，完全可以有所作为。选择战略性新兴产业的科学依据最重要的有三条：一是产品要有稳定并有发展前景的市场需求；二是要有良好的经济技术效益；三是要能带动一批产业的兴起。同时还详细阐述了新能源产业、新材料产业、生物产业、信息网络产业以及空间、海洋和地球深部开发利用，强调更加重视基础研究和战略高技术研究。

2010 年 9 月 8 日，国务院常务会议审议并原则通过《国务院关于加快培育和发展战略性新兴产业的决定》。根据战略性新兴产业的特征，立足中国国情和科技、产业基础，现阶段重点培育和发展节能环保、新一代信息技术、生物、高端装备制造、新能源、新材料、新能源汽车等产业。根据规划，到 2020 年，战略性新兴产业增加值占国内生产总值的比重力争达到 15%左右。节能环保、新一代信息技术、生物、高端装备制造产业成为国民经济支柱产业，新能源、新材料、新能源汽车产业成为国民经济先导产业。

根据《国务院关于加快培育和发展战略性新兴产业的决定》，中国培育和发展战略性新兴产业的要点如下：

节能环保产业：重点开发推广高效节能技术装备及产品，实现重点领域关键技术突破，带动能效整体水平的提高。加快资源循环利用关键共性技术研发和产业化示范，提高资源综合利用水平和再制造产业化水平。示范推广先进环保技术装备及产品，提升污染防治水平。推进市场化节能环保服务体系建设。加快建立以先进技术为支撑的废旧商品回收利用体系，积极推进煤炭清洁利用、海水综合利用。

新一代信息技术产业：加快建设宽带、泛在、融合、安全的信息网络基础设施，推动新一代移动通信、下一代互联网核心设备和智能终端的研发及产业化，加快推进三网融合，促进物联网、云计算的研发和示范应用。

着力发展集成电路、新型显示、高端软件、高端服务器等核心基础产业。提升软件服务、网络增值服务等信息服务能力，加快重要基础设施智能化改造。大力发展数字虚拟等技术，促进文化创意产业发展。

生物产业：大力发展用于重大疾病防治的生物技术药物、新型疫苗和诊断试剂、化学药物、现代中药等创新药物大品种，提升生物医药产业水平。加快先进医疗设备、医用材料等生物医学工程产品的研发和产业化，促进规模化发展。着力培育生物育种产业，积极推广绿色农用生物产品，促进生物农业加快发展。推进生物制造关键技术开发、示范与应用。加快海洋生物技术及产品的研发和产业化。

高端装备制造产业：重点发展以干支线飞机和通用飞机为主的航空装备，做大做强航空产业。积极推进空间基础设施建设，促进卫星及其应用产业发展。依托客运专线和城市轨道交通等重点工程建设，大力发展轨道交通装备。面向海洋资源开发，大力发展海洋工程装备。强化基础配套能力，积极发展以数字化、柔性化及系统集成技术为核心的智能制造装备。

新能源产业：积极研发新一代核能技术和先进反应堆，发展核能产业。加快太阳能热利用技术推广应用，开拓多元化的太阳能光伏光热发电市场。提高风电技术装备水平，有序推进风电规模化发展，加快适应新能源发展的智能电网及运行体系建设。因地制宜开发利用生物质能。

新材料产业：大力发展稀土功能材料、高性能膜材料、特种玻璃、功能陶瓷、半导体照明材料等新型功能材料。积极发展高品质特殊钢、新型合金材料、工程塑料等先进结构材料。提升碳纤维、芳纶、超高分子量聚乙烯纤维等高性能纤维及其复合材料发展水平。开展纳米、超导、智能等共性基础材料研究。

新能源汽车产业：着力突破动力电池、驱动电机和电子控制领域关键核心技术，推进插电式混合动力汽车、纯电动汽车推广应用和产业化。同时，开展燃料电池汽车相关前沿技术研发，大力推进高能效、低排放节能汽车发展。

有必要特别指出海洋产业和航天产业。2009 年 11 月，《让科技引领中国可持续发展》详细阐述了海洋和地球深部开发利用："空间、海洋和地球深部，是人类远远没有进行有效开发利用的巨大资源宝库，是关系可持续发展和国家安全的战略领域。我们要实施好'载人航天计划'和'嫦娥计划'，有效进入并和平利用空间。中国是一个海洋大国，海洋资源开发和海洋产业发展是'蓝色聚宝盆'。国际上正兴起海岸带可持续发展研究，我们要切实加强这方面的工作。在地球深部资源探测方面，中国已有固体矿产勘探开采的深度大都小于 500 米，而世界一些矿业大国已经达到 2500 米到 4000 米，南非计划开采的深度达到 6000 米。澳大利亚在本世纪初率先提出'玻璃地球'计划，也就是要使地下 1000 米变得'透明'。加拿大人近期提出的类似计划，要搞到 3000 米。中国人均资源短缺，资源勘探水平不高，开采利用率也比较低，这是制约未来经济发展的突出矛盾。我们要千方百计提高资源勘探开采水平和效益，充分挖掘和利用好各类资源。"

与陆地经济活动相比，海洋开发属于新兴领域。传统的海洋产业包括海洋渔业、海水制盐及盐化工业、海洋交通运输业和滨海砂矿开采业等。随着现代科学技术发展，人类认识海洋、开发海洋的能力不断提高，开发范围扩大，发现新资源、开发新领域的经济活动形成了海水增养殖业、海洋油气开采工业、海洋娱乐和旅游业等海洋新兴产业。海水淡化和海水综合利用、海洋能利用、海洋药物开发、海洋空间新型利用、深海采矿等海洋经济开发活动，也处于产业化过程中。随着海洋技术不断进步，人类对海洋开发、利用和保护活动不断深入和扩大，海洋信息服务、海洋环保等都在成为新兴的海洋产业。

中国是一个发展中的海洋大国，拥有18000公里大陆岸线、14000公里岛屿岸线，6500多个500平方米以上岛屿和约300万平方公里主张管辖海域，海洋开发将在未来发展中具有越来越重要的位置，而海洋开发是通过海洋产业进行的。据国土资源部统计，“十一五”期间，中国海洋经济年均增长13.5%，持续高于同期国民经济增速。2011年，中国海洋生产总值达到4.557万亿元，与“十一五”期初（2006年的2.1592万亿元）相比翻了一番多；海洋生产总值占国内生产总值和沿海地区生产总值的比重分别为9.7%和15.9%，涉海就业人员3420万人。海洋经济已成为拉动国民经济发展、构建开放型经济的有力引擎，以及带动中国东部沿海地区率先发展的强有力支撑。

海洋新兴产业快速起步，正成为“十二五”中国海洋经济乃至中国经济转型的最大看点。目前中国海上风能发电技术进入商业化运行阶段，潮流能、波浪能发电技术进入示范运行阶段；海水提钾、溴、镁技术进入工业化试验阶段。以海洋高新技术为支撑的海洋战略性新兴产业快速发展，年均增速超过20%。2011年，海水利用业增加值近10亿元，与“十一五”期初相比翻了一番；海洋可再生能源业增加值近49亿元，是“十一五”期初的10倍多。同时，邮轮、游艇、休闲渔业、海洋文化、涉海金融及航运服务业等一批新型海洋服务业态也加快发展。

在地球深部开发利用方面，页岩气开发是目前最具商业前景的领域。

页岩气，是从页岩层中开采出来的非常规天然气。天然气分常规和非常规两类，页岩气是一种赋存于泥页岩中，主要以吸附及游离状态存在的非常规天然气。页岩气的形成和富集有着自身独特的特点，往往分布在盆地内厚度较大、分布广的页岩烃源岩地层中。较常规天然气相比，页岩气开发具有开采寿命长和生产周期长的优点，大部分产气页岩分布范围广、厚度大，且普遍含气，这使得页岩气井能够长期以稳定的速率产气。

据估计，全球页岩气资源约为 456 万亿立方米，同常规天然气资源量相当。其中页岩气技术可采资源量为 187 万亿立方米，主要分布在北美、中亚、中国、拉美、中东、北非等，其中北美最多。全球页岩气技术可采资源量排名前 5 位国家依次为：中国（36 万亿立方米，约占 20%）、美国（24 万亿立方米，约占 13%）、阿根廷、墨西哥和南非。

面对巨大的能源需求，伴随美国在页岩气开采的核心技术——水平井钻井法和水力压裂法（或称压裂法）的突破，开采成本降低，页岩气成为最具开采价值的新能源之一。美国和加拿大已实现对页岩气商业开发，其中美国已实现大规模商业化生产，成为全球最大的页岩气生产国。美国能源当局预测说，页岩气不仅将取代煤炭而成为仅次于石油的美国第二大能源资源，而且可能改变美国能源生产格局。统计显示，美国 2010 年页岩气产量为 1379.2 亿立方米，占该国天然气产量的 23%；2011 年接近 1800 亿立方米（当年美国石油天然气日消费量为 1880 万桶）。

页岩气开采量大幅提升，使美国对进口石油的依赖不断降低。美国能源信息署数据显示，美国石油对外依存度已从 2005 年的 60.3%降至 2011 年的 45%，未来 10 年美国计划把石油进口量再削减 1/3，到 2020 年石油进口量将减至 600 万桶左右，到 2035 年减至 400 万桶以下。届时，美国能源综合自给率将达到 87%[61]。2012 年，页岩气已令美国天然气价格在一年中下跌 41%，成为美国“再工业化”、重振制造业的一大法宝。此外，得益于页岩气革命中的“水力压裂”技术，页岩油产量也飞速增加，使美国石油产量强劲反弹，并使得美国在 2011 年自 1949 年以来首次成为精炼石油产品净出口国。国际能源署认为，到 2020 年美国将成为全球最大原油生产国。由此看来，美国页岩气快速发展通过改变美国能源消费结构，不仅降低了煤炭以及其他能源的消耗比例，而且也减少了对中东国家石油能源的依赖，正在引发全球范围的页岩气开发革命。

据国际能源署2012年7月发布的《天然气黄金时代的黄金规则》报告推测，如果未来油价仍居高不下，页岩气开发速度必然有增无减。全球非常规天然气将进入一个黄金发展时期。预计到2035年全球以页岩气为主的非常规天然气产量可达到1.6万亿立方米，占同期天然气供应增量的近2/3，非常规天然气在天然气总产量中的份额将从目前的14%上升至2035年的32%。其中，美国页岩气占天然气产量比重预计到2015年将达到43%，到2035年将达到60%。页岩气开采不仅可复苏美国经济，而且能使美国成为天然气行业里的巨头。

2011年中国能源消费结构中，煤炭消费占比70%，石油消费占比18%，天然气占比仅为5%。随着煤炭资源的消耗以及对清洁能源的日益重视，为加快页岩气开发，减少对外石油天然气进口依赖，中国已将页岩气开发列入"十二五"规划，提出到2015年页岩气产量将达到65亿立方米/年，到2020年年产量要达到600亿立方米至1000亿立方米。根据中国国土资源部的普查，中国陆域页岩气地质资源潜力为134.42万亿立方米，可采资源潜力为25.08万亿立方米（不含青藏区）。其中，四川盆地、渝东鄂西地区、黔湘地区、鄂尔多斯盆地、塔里木盆地等将是未来重点勘探开发和产量增长区域。按照中国当前天然气消费量计算，如果完全开采，25万亿立方米页岩气可供中国使用近200年[62]。这可能给中国带来一场页岩气革命。

四、科技革命的投资选择

对投资者而言，来自科技革命的投资机会，在技术上主要体现在信息技术、制造和自动化技术、与资源保护相关的技术和卫生保健技术等，在产业上体现为战略性新兴产业，以及对海洋和地球深部开发利用。鉴于节能环保产业、信息技术产业、新能源、装备制造业已在其他章节有叙述，这里主要阐述生物产业、海洋产业、新材料产业、3D 打印技术和页岩气开发的投资机会。

1. 生物产业：生物技术可能是第六次科技革命的核心科技。预计到2020年，生物经济规模有望超过信息经济，成为世界上最强大的经济力量。在多年的培育和支持下，生物技术可以说是中国高新技术领域和国外差距最小的领域，但中国生物工程大部分技术成果还未实现产业化，具有自主知识产权的新产品比较少。2013 年 1 月，国务院印发《生物产业发展规划》，提出要发展生物医药、生物医学工程、生物农业、生物制造业、生物能源、生物环保和生物服务业这七大重点领域。如果剔除生物能源、生物环保和生物服务业，剩余领域实际上专注于医药和农业两方面。

在医药领域，投资者可以重点关注与之相关的上市公司。在农业领域，主要关注种子领域。育种领域是国际竞争的重要领域。2001 年《种子法》实施以来，中国种业市场全面放开，目前中国已成世界第二大种子需求国，种子市场价值达 600 多亿。初步统计，中国现在每年进口种子量约为 15000 吨。牢牢把握中国种业发展的控制权，才能牢牢把握中国农业发展主动权。

为此，中国在农作物种子生产布局上拟建设西北杂交玉米种子生产基地、西南杂交水稻种子生产基地和海南南繁基地三个国家级主要粮食作物种子生产基地[63]。投资者可以关注相关的上市公司。

2. 海洋产业：作为海洋经济活动的主要载体之一，海洋产业集群的主要部门包括航运、船舶制造、海工装备、海洋港口、海事服务、离岸服务、养殖捕捞等。其中，属于战略新兴产业中高端装备制造业的海洋工程装备产业是发展现代海洋经济的关键产业。中国海洋工程网提供的数据显示，在全球经济低迷的情况下，全球海工装备保有量却稳步增长。油价维持高位运行，激发海洋油气和海上风电开发热情，也在增加对钻井平台和海上风电设备的需求。邮轮、游艇、休闲渔业、海洋文化等海洋服务业的发展也将增加海工装备需求。投资者可以关注相关的上市公司。

3. 新材料产业：随着科技进步和新兴产业快速发展，对新材料种类和数量的需求大大增加，市场前景广阔。数据显示，目前全球新材料市场规模每年已超过 4000 亿美元，由新材料带动而产生的新产品和新技术市场更为广阔，年营业额突破 2 万亿美元。目前中国许多基础原材料和工业产品产量位居世界前列，但高性能材料、核心部件和重大装备严重依赖进口，关键技术受制于人，"中国制造"总体水平处在国际产业链低端。新材料产业发展对中国成为世界制造强国至关重要。据《中国新材料产业发展报告》预测，未来一段时期，中国新材料产业市场的年均扩张速度将保持在 20%以上。2010 年，中国新材料产业的市场规模超过 800 亿元，2015 年将达 2000 亿元左右，增长空间巨大[64]。

(1) 电子信息材料。电子信息材料是指在微电子、光电子技术和新型元器件基础三大类产品领域中所用的材料，主要包括单晶硅为代表的半导体微电子材料；激光晶体为代表的光电子材料；介质陶瓷和热敏陶瓷为代表的电子陶瓷材料；钕、铁、硼（Nd、Fe、B）永磁材料为代表的磁性材料；

光纤通信材料；磁存储和光盘存储为主的数据存储材料；压电晶体与薄膜材料；贮氢材料和锂离子嵌入材料为代表的绿色电池材料等。这些基础材料及其产品支撑着通信、计算机、信息家电与网络技术等现代信息产业发展。

⑵ 新能源材料。新能源包括太阳能、生物质能、核能、风能、地热、海洋能等一次能源以及二次电源中的氢能等。新能源材料是指实现新能源转化和利用以及发展新能源技术中所需的关键材料，主要包括储氢电极合金材料为代表的镍氢电池材料、嵌锂碳负极和 LiCoO2 正极为代表的锂离子电池材料、燃料电池材料、Si 半导体材料为代表的太阳能电池材料以及铀、氘、氚为代表的反应堆核能材料等。新能源材料同时具有新材料和新能源概念，发展前景广阔。

⑶ 生态环境材料。生态环境材料同时具有满意的使用性能和优良的环境协调性，能通过轻质、耐热、绝热、能量转换等优异的物化性能提高能量效率。它对资源和能源消耗少、对生态环境污染小、再生利用率高或可降解化和可循环使用，已成为建材领域中最具潜力的生力军。再生玻璃材料、低辐射玻璃、生态水泥、新型墙体材料、长余辉发光材料、变相储能材料、自清洁涂层材料、调湿材料等是其重要内容。

⑷ 高性能结构材料。结构材料是社会生活和国民经济建设的重要材料，是支撑航空航天、交通运输、电子信息、能源动力以及国家重大基础工程建设等领域的重要物质基础，是目前国际上竞争最激烈的高技术新材料领域之一。新一代高性能结构材料发展的主要方向是具有高比强度、高比刚度、耐高温、耐磨损、耐腐蚀等性能结构材料。主要分类包括金属类工程结构材料、先进陶瓷材料、高分子合成材料和复合材料。

高端金属结构材料包括高品质特殊钢和高强轻质合金。先进高分子材料包括特种橡胶、工程塑料、功能性膜材料、高性能氟硅材料、高端涂料等。新型无机非金属材料主要包括先进陶瓷、特种玻璃、人工晶体、超硬材料、新型建筑材料等，在建筑节能、平板显示、太阳能利用、光电仪器等领域有广泛应用。高性能复合材料包括树脂基复合材料、碳/碳复合材料、陶瓷基复合材料、金属基复合材料、碳纤维、芳纶、超高分子量聚乙烯纤维等高性能增强纤维。

(5) 新型功能材料。功能材料是指表现出力学性能以外的电、磁、光、生物、化学等特殊性质的材料。新型功能材料主要包括高温超导材料、磁性材料、金刚石薄膜、功能高分子材料等。

(6) 前沿新材料：包括纳米材料、生物材料、智能材料、超导材料等。

4. 3D 打印技术：3D 打印技术，也称“三维打印技术”或“快速制造技术”或“增材制造技术”，是指通过可以“打印”出真实物体的 3D 打印机，采用分层加工、叠加成形的方式逐层增加材料来生成 3D 实体。3D 打印技术发端于 20 世纪 80 年代的美国，随后在世界各地开花结果，目前已在美国初步产业化。

3D 打印技术作为一种新型生产方式，可能通过渐进方式推动人类生产和生活方式变革，促成第三次工业革命。3D 打印产业链贯穿原材料处理、设备制造以及打印应用与服务，将带动制造业万亿规模的巨大市场。目前中国尚无具有真正 3D 打印相关业务的上市公司，但从产业链来看，处于 3D 打印机上游行业的激光制造公司、塑料公司，下游行业的服装公司、船舶公司，以及 3D 打印机制造公司，将可能获得较大收益。

5. 页岩气开发。目前，中国页岩气开发处于气藏勘探和初步开采试点阶段。如果到 2020 年中国页岩气年产量能够达到 1000 亿立方米以上，有希望改变中国油气资源开发格局，成为中国能源的重要支柱。以国际标准换算，1000 亿立方米页岩气所提供的能量约等于 1 亿吨原油。而去年中国进口原油约 2.5 亿吨，显示出页岩气具有巨大的商业价值。

相关上市公司，一类是在勘探、钻井、开采、运输、应用产业链上具备研发优势和技术进步的企业；一类是从事油气运输与贸易企业。

表 7-1 重点关注股票之六（2012 年数据）

股票名称	股票代码	流通股/总股本（亿股）	每股收益(元)	每股资本公积金(元)	加权净资产收益率（%）	行业
智飞生物	300122	0.69/4.00	0.54	3.52	9.47	医药制造业
华兰生物	002007	5.76/5.76	0.53	0.51	12.38	医药制造业
天坛生物	600161	4.88/5.15	0.59	0.32	21.49	医药制造业
长春高新	000661	1.31/1.31	1.23※	1.95	20.45※	医药制造业
安科生物	300009	1.03/1.89	0.40	1.14	13.47	医药制造业
瑞普生物	300119	0.73/1.94	0.75	5.05	10.06	医药制造业
沃森生物	300142	0.62/1.82	1.35	11.90	8.76	医药制造业
双鹭药业	002038	3.12/3.81	1.28	-0.01	26.53	医药制造业
舒泰神	300204	0.35/1.33	1.20	5.96	13.77	生物制品业
上海莱士	002252	4.90/4.90	0.46	0.22	24.04	医药制造业
宝钛股份	600456	4.30/4.30	0.01	5.51	0.16	有色金属冶炼及压延加工业
宁波韵升	600366	5.14/5.14	0.77※	0.59	15.24※	计算机、通信和其他电子设备制造
钢研高纳	300034	1.10/2.12	0.33	2.20	7.60	有色金属冶炼及压延加工业
久立特材	002318	2.95/3.12	0.50	2.70	10.00	黑色金属冶炼及压延加工业
利源铝业	002501	1.12/1.87	1.08	4.22	15.20	有色金属冶炼及压延加工业
法拉电子	600563	2.25/2.25	1.08	1.16	17.31	计算机、通信和其他电子设备制造
潜能恒信	300191	0.46/1.60	0.53	4.44	7.76	采掘服务业
杰瑞股份	002353	2.40/4.59	1.40	2.87	22.55	专用设备制造业
富瑞特装	300228	0.69/1.34	0.85	2.40	16.65	专用设备制造业

备注：见本书第二章章末表 2-1。

资料来源：作者自行整理。

第八章
中国社会老龄化

夕阳无限好，只是近黄昏。

——唐·李商隐《登乐游原》

一、人口红利与中国经济

“人口红利”是指劳动年龄人口占总人口比率上升，伴随来的经济成长效应。

中国是个劳动力大国，低劳动力成本是“中国制造”走向全球的核心推动力之一。“人口红利”是改革开放以来中国经济高速增长的重要源泉。在计划生育政策实施前20世纪60、70年代的人口生育高峰时期，形成了迄今乃至今后一段时间劳动年龄人口占总人口的比重维持在65%以上的较高水平。中国社会科学院的调查报告表明，从1978年到1998年，在中国持续20年的经济高速增长中，资本贡献率为28%，技术进步和效率提升的贡献率为3%，其余全部是劳动力贡献[65]。著名人口学家、中国社会科学院人口研究所所长蔡昉等人估算，人口抚养比（即少儿和老年依赖型人口与劳动年龄人口的比率）下降，对1982—2000年期间人均GDP的增长，做出了26.8%的贡献。

而这样的“红利”正在缓慢消失。其信号首先来自于“用工荒”的出现。2003年，浙江等地开始出现“用工荒”，随后在沿海地区蔓延。

中国社科院2007年的《企业春季用工需求调查表》显示，2007年中国能够全部招满工的企业不足32%，至少有1/3的企业缺工在25%以上。

2008年，受国际金融危机影响，“用工荒”戛然而止；但2010年，“用工荒”又卷土重来；2011年、2012年更是全线告急，“用工荒”由沿海向内地全线蔓延，出现在作为用劳动力输出地的江西、安徽、湖南、湖北等省份。青壮年劳动力短缺现象日益蔓延，农村青壮年劳动力越来越供不应求。

来自劳动力输出地的数据很可以说明问题。国务院发展研究中心2009年在全国2749个行政村完成的一项调查显示，74.3%的村庄认为本村能够外出打工的青壮年劳动力都已外出，只有1/4的村认为本村还有青壮年劳动力可转移。这个比例在东部、中部和西部地区分别为71.6%、76%和76.4%。此外，在城里打工的年轻民工也呈越来越少的趋势。

中国的劳动力不再取之不尽、用之不竭了，中国劳动力供求形势正在发生根本性的转变。

中国社科院发布的《2007年人口与劳动绿皮书》指出，中国劳动年龄人口（15岁到59岁）供给增长率在2004年首次出现下降，预测到2011年左右，劳动年龄人口开始不再上升，2021年开始绝对减少。该书主编、著名人口学家蔡昉警告：中国很快将从劳动力结构性短缺向数量型短缺过渡，估计2013年人口红利就将结束。2013年将是一个极具标志性的转折点，中国劳动年龄人口将不再增长，是零增长，之后就是负增长。

但人口红利消失要比预期的来得快。国家统计局发布的《2011年中国人口总量及结构变化情况》所提供的数据显示，2011年末全国60岁及以上人口达到18499万人，占总人口的13.7%，比上年末增加0.47个百分点；65岁及以上人口达到12288万人，占总人口的9.1%，增加0.25个百分点。由于生育持续保持较低水平和老龄化速度加快，15—64岁劳动年龄人口的比重自2002年以来首次出现下降，2011年为74.4%，比上年微降0.10个百分点。

2011年的数据表明，中国人口抚养比开始出现下降。人口抚养比是指总人口中非劳动年龄人数与劳动年龄人数之比，一般以15岁至64岁为劳动年龄人口，14岁以下和65岁以上为非劳动年龄人口。

这种下降趋势在2012年继续延续。2013年1月，国家统计局发布的2012年经济数据显示，从年龄构成看，60岁及以上人口19390万人，占总人口的14.3%，比上年末提高0.59个百分点；65岁及以上人口12714万人，占总人口的9.4%，比上年末提高0.27个百分点；15—59岁劳动年龄人口93727万人，比上年减少345万人，占总人口的比重为69.2%，比上年末下降0.60个百分点。这是大陆劳动年龄人口首次下降。比蔡昉的估计早一年。

在过去30年时间里，人口红利一直是中国经济高速增长的核心动力之一，其不仅为中国在国际竞争中提供了劳动力方面的竞争优势，也为国内消费扩大提供了市场基础。不过，由于近年来中国的综合生育率一直低于均衡人口生育率水平，甚至低于美国水平，从劳动年龄人口占总人口比重和人口抚养比两个指标看，中国人口红利正在逐渐消失。而且根据第六次全国人口普查数据，由于上世纪90年代后中国出生人口大幅减少，1991年至2000年总计只有1.59亿人口，大大少于80年代和70年代出生的2.27亿和2.12亿，这意味着未来5年中国20—25岁年轻劳动力人口供给还将进一步下降，中国人口红利窗口关闭已然迫近。

展望未来，虽然计划生育带来出生人口减少，但由于不断壮大的老年人口将大幅抵消少年儿童人口的减少，中国人口抚养比将在未来几年继续下降。与此同时，由于生育率下降，生产者人口增速将比消费者人口增速更快下滑，在2015年左右低于消费者人口增速，依赖于劳动力增长的“第一人口红利”消失。人们开始寄希望于人口老龄化过程中，消费者人口增长快于生产者，从而使生命周期财产开始改善的“第二人口红利”。

二、中国老龄化社会来临

与人口红利密切相关的一个概念是老龄化。

在人口科学中，当老年人口在人口中的比例增大时，就称之为人口老龄化。在最严格的科学定义上，人口老龄化作为人口统计学概念，是指总人口中年轻人口数量减少、年长人口数量增加而导致老年人口比例相应增长的动态过程，它强调人群老化，而不是个体老化。个体老化是单向、不可逆的，而人口老龄化则是老年人口在总人口中相对比例的变化，在一定条件下可以逆转。老龄化可以指老年人口相对增多，在总人口中所占比例不断上升的过程，也可指社会人口结构呈现老年状态，也即进入老龄化社会。

老龄化的衡量指标主要包括：

一是老年人口比例，也称老年系数，系指60岁或65岁及以上老年人口占总人口的百分比。按照美国人口普查局1971年出版的《人口学方法与资料》提出的划分标准，65岁为老年人口的年龄起点，当65岁及以上老年人口比例在5%以下的人口为年轻型人口，10%以上的人口是老年型人口，介于两者之间的是成年型人口。在实际使用中，最广泛使用标准是联合国的划分方法，以65岁及以上老年人口比例在7%以上的为老年型人口；在发展中国家，多采用60岁作为老年人口的年龄起点，当60岁及以上老年人口占总人口比例在10%以上为老年型人口。

二是人口年龄中位数。人口年龄中位数是将总人口按年龄排列分成人数相等的两部分的年龄，一半人口在年龄中位数以上，一半人口在年龄中位数以下，所以，年龄中位数升降可以清楚反映总人口中较长年龄人口所占比例的变动情况，因此是度量人口年龄结构的常用指标，也是度量人口老龄化的基本指标之一。如果人口年龄中位数提高了，则人口一般出现老龄化；如果降低了，则一般为人口年轻化。按照《人口学方法与资料》的划分方法，年龄中位数低于 20 岁为年轻型人口，在 30 岁以上是老年型人口，介于两者之间是成年型人口。

三是老少比，系指老年人口与少儿人口数之比。在以 60 岁为老年人口年龄起点的情况下，老少比等于 60 岁及以上人口数，除以 0—14 岁少儿人口数的百分比，老少比低于 15%的人口为年轻型人口，高于 30%的人口为老年型人口，介于两者之间的是成年型人口。

其中，老年系数是最常用的老龄化指标。以此衡量，65 岁及以上老龄人口占总人口的比例从 7%上升到 14%，就标志着从“老龄化社会”过渡到“老龄社会”。完成这一过程，法国用了 100 多年，而巴西、中国、日本、智利等国将在 25 年左右。据联合国人口基金预测，从 2012 年起的未来 5 年间，65 岁及以上人数将在人类历史上首次超过 5 岁以下儿童人数，发展中国家的人口变化将尤其显著。世界卫生组织提供的数字显示，自 1980 年以来，60 岁及以上人口数量已经翻倍；到 2050 年，80 岁及以上人口数量将近 3.95 亿人。

人口老龄化是一种全球趋势，与全球气候变暖、全球恐怖主义一道，是联合国确定的 21 世纪三大社会经济挑战之一。目前在世界人口中，60 岁以上者约占 11%。25 年后这一数字将倍增至将近 1/4，其中 1/6 老年人将超过 80 岁。每个国家和地区都将受此影响，包括南部非洲，一些国家受到的冲击将尤其巨大。相关数据显示，2010 年 60 岁以上人口占比为 12.3%，

2033 年将升至 25.4%。巴西也面临相同处境。这些国家刚刚脱贫不久，就要承受巨大的养老开支。老龄化问题在亚洲地区日益突出，在 10 个老龄化最快的国家和地区中，亚洲就占四席，包括中国香港、日本、韩国及新加坡。澳大利亚、中国内地、新西兰、斯里兰卡及泰国等国家和地区的老龄化进程也都快于美国和英国。日益明显的全球老龄化趋势，带来的最大和最直接的影响就是使得全球面临“用工荒”威胁，产业结构与社会保险制度也都因此面临压力。

老龄化是未来几十年间中国人口结构所面临的最大变化。中国是较早进入老龄社会的发展中国家之一，又是世界上老年人口最多的国家，目前已进入人口红利消失和老龄化加速的关键时期。2011 年发布的第六次全国人口普查显示，至 2010 年 11 月 1 日，全国 13.71 亿人，0—14 岁人口占比 16.60%，比 10 年前下降 6.29 个百分点；15—59 岁人口占比 70.14%，上升 3.36 个百分点；60 岁及以上人口占 13.26%，上升 2.93 个百分点。据联合国预测，未来中国 65 岁以上的老年人口将不断加速增长，年均增速由 2001—2010 年间的 2.1%倍增至 2011—2020 年间的 4.2%。2020 年底，65 岁以上的老年人口将比 2010 年底增加 5700 万、增长 52%。而另一方面，因为计划生育政策，少年儿童人口数量将不断减少。2020 年底的少年儿童人口将比 2010 年底减少 2900 万，下跌 11%。

劳动力人口总量见顶和人口老龄化进程加快，正给中国经济运行节奏和经济结构转型带来巨大挑战。虽然 2012 年中国劳动人口总量较上年减少 345 万后仍有 9 亿多，但劳动人口稳步下降将是长期趋势。劳动力将逐渐取代资本成为中国未来最稀缺的资源，劳动密集型企业的利润将因此受到严峻挑战，而资本密集型和技术密集型企业将会作为主力走上中国舞台。由于中高端劳动力的结构性过剩在未来十年不会发生根本性变化，技术密集型制造业的盈利能力不会受到系统性的劳动力供给冲击，其前景仍将看好。

在劳动力供给减少导致潜在经济增长能力下降趋势中，中国应更加注重教育、技术研发等方面的投入，进一步提高劳动力素质和劳动生产率，实现中国劳动力竞争优势从“以价取胜”的非熟练劳动力向“以量取胜”的熟练劳动力的转变，为内涵式经济发展方式奠定劳动力基础。在微观层次，随着人口红利消失，各行各业应从利用人口红利向管理红利、创新红利转变，把握在人口红利拐点出现后消费提升所带来的巨大市场。

老龄化导致金融市场投资结构和特征发生变化。一是在社会保障体系相对薄弱的情况下，人口老龄化将增加对保险的需求。二是带来风险偏好和投资能力下降，因此相比较高风险的股票和实体资产，风险较低的债券市场的需求更大。中国老龄化可能成为股票投资的终结者。

人口老龄化也可能是中国高额外汇储备和全球低利率游戏的终结者。中国高额外汇储备支持了美国以至全球的低利率。但是，亚洲外汇储备急涨，不可能是无限期的，要么美国政府对目前的双赤字政策进行根本纠正，要么继续延迟，直至亚洲撒手退出。今天中国为了就业和出口，不惜代价维持人民币汇率基本稳定。但10年后，中国劳动人口比例降幅将凸显出来，更遑论国内服务业发展还可能令劳动力短缺提前。一旦中国政府没有就业压力，增加外汇储备、干预人民币汇率的动力就会大幅下降，支持美国债市的资金自然变少，美国债市可能因此暴跌，导致全球性金融波动。

三、未富先老的挑战

中国老龄化是“未富先老”的老龄化。人口老龄化程度高的国家，往往是富裕的发达国家。但中国是少见的例外。当印度、印度尼西亚、巴西和非洲等发展中国家和地区仍将长期享受人口红利的时候，中国作为同样并不富裕的发展中国家，却在老龄化方面加入到发达国家行列，“未富先老”了。

“未富先老”意味着，一方面，由于“先老”，人口年龄结构趋于老化，劳动力变得昂贵，劳动密集型产业的比较优势丧失。另一方面，由于“未富”，在资本密集型和技术密集型产业中的比较优势尚未形成或者并不明显。换言之，不论在劳动密集型产业，还是在资本密集型和技术密集型产业，都没有明显的比较优势，出现“比较优势真空”。

“比较优势真空”可能形成中等收入陷阱。在文献里，经济学家发现，在全球化过程中，从全球化中获得较大收益的是两头的富国和穷国。按照国家排列，各国在全球化中的获益程度，可以U形曲线表示，如果把这个全球化时期世界经济格局与全球化之前的倒U型曲线相比，就更加明显。究其原因，是因为那些相对穷的国家，在丰富且廉价的劳动力上有比较优势，可以生产出最便宜的东西在国际市场获取全球化红利；而富裕国家，具有较高的管理水平和科技创新能力，在资本密集型和技术密集型产业中有比较优势，可在全球化中兑现。而处于中间的国家，与处在两头的国家相比，没有特别显著的比较优势，因此在全球化中获益就少，经济增长表现不佳，及至困于中等收入陷阱[66]。

“未富先老”对中国的挑战主要是三方面的：

一是针对比较优势的。如前所述，中国在比较优势方面将面临青黄不接的局面，为此必须在通过扩大内需、产业的区域转移等方面，尽量保持既有比较优势，并通过技术创新形成新的比较优势，尽早实现比较优势和经济发展方式的转变。

二是养老体系方面的。老龄化来临，将给中国养老体系带来沉重压力。2012年，中国60岁以上的老人已经超过1.8亿，而且每年还以500万—800万的数量不断增加，人口老龄化所带来的慢性疾病、医疗保健以及老年生活质量等问题已成为社会发展的重要挑战。

人口老龄化对中国社会保障体系的挑战最为直接。经过几年努力，现有社会保障制度已经基本实现全覆盖，今后需要通过制度整合，努力缩小制度待遇差距，着力提高统筹层次，以推动从制度全覆盖到实际全覆盖的合理有序实现。人口老龄化对中国养老金支付能力提出挑战。当前中国养老金储备规模占GDP总量比例太低，仅为2%。养老金储备占GDP的比例最高的是挪威，为83%左右，日本是25%，美国是15%，中国只占到GDP的2%。中国养老金还存在很大缺口，2000年中国养老金“空账”还仅为360多亿元；2007年突破1万亿元；到2011年，根据中国社会科学院发布的《中国养老金发展报告2012》，全国城镇职工基本养老保险个人账户为2.5万亿，但个人账户实有资金2703亿元，空账金额达到22156亿元。

人口老龄化对以居家养老为基础、社会养老为依托、机构养老为补充的现行家庭养老方式提出挑战。这种养老方式是以大家庭为基础的，但人口老龄化所产生的“四位老人、一对年轻夫妇以及一个未成年小孩”家庭模式和抚养系数比上升，将导致家庭物质供养、生活照料以及精神安慰等方面严重缺乏，使得依靠现有居家养老方式难以实现养老目标。

人口老龄化也对中国医疗保障制度提出挑战。老年人是个容易患病的特殊群体，随着人口老龄化加剧，他们对医疗保险的需求将急剧增加，对整个医疗费用的承受能力提出严峻挑战。

三是现有产业结构方面的。一定社会的消费水平、消费结构以及由此形成的产业结构是与其人口构成因素密切相关的。从日本、新加坡、香港、澳大利亚及韩国等地区的人口状况来看，未来10年消费贷款需求将趋于疲软（相当于实际GDP的1到2倍），由于人口老龄化，对理财、寿险及交易服务（外汇经纪业务、信用卡支付）等产品的需求将呈加速增长态势[67]。伴随中国人口结构转变，人口老龄化加剧，一方面将使得未成年人甚至青年人的消费品需求逐渐下降，针对该年龄段所生产的服装、日用品、保健品以及文化教育等需求将逐渐萎缩或减少，这些行业的从业人员相应减少，产业转型和职业转换问题日益突出；另一方面，适应老年人口需求的各种消费品以及服务将会不断增加，消费结构和消费偏好因此发生改变，老年服装、老年食品、老年保健用品、老年休闲旅游及养生娱乐等适应老龄化、针对老年人自身需要的产品与服务需求将越来越大，进而吸引更多人员开发老年消费市场，从而引发整个产业结构和消费结构的调整与变迁。

此外，年轻劳动力减少、年长劳动力增多的劳动力年龄结构变化与经济增长模式转变、产业转型升级相辅相成。为此，劳动力知识结构也应发生相应改变，逐步增加高技术、高素质人才的比重。教育将因此而越来越为就业市场供求双方所依赖。各类提供教育服务的行业及其衍生制造业将因此受益。

为应对“未富先老”的挑战，中国需要继续完善社会保障制度，在养老、医疗等社会保障方面提供更好的服务；加快社会资源合理配置，增加为老服务设施，健全为老服务网络；在建立满足庞大老年人群需求的为老社会服务体系方面，在处理代际关系方面，妥善解决庞大老年人群和劳动年龄人群之间可能存在的利益冲突；在协调城乡和谐发展方面，妥善解决农村老龄问题，特别是中西部落后和老少边穷地区老龄问题。

但中国毕竟并不富裕，快速、庞大的老龄人群可能是政府无法完全承受的。在政府扶持的同时，如何发挥市场机制的作用，在考虑现有家庭结构及其负担能力的条件下，创造性发展社会养老和居家养老，将是一个攸关中国社会经济长期发展的重大问题。

四、以机器和技术替代人力

中国人口老龄化，劳动人口减少，劳动力成本上升，以及伴随的成本竞争优势丧失，正对中国现有经济结构形成压力。经济结构转型迫在眉睫。劳动力供给下降，劳动力成本上升，将导致厂商生产函数发生变化，进而以技术和设备替代成本上升的劳动力，使用更多机器设备、更多自动化技术来替代人力。以机器替代人力，以技术替代劳动，提高生产效率，将是中国经济必然的发展方向。

2012 年 8 月 19 日，《纽约时报》发布《用机器取代人的革命》，描述了荷兰飞利浦的欧洲工厂以 128 个机械臂细致装配电动剃须刀的自动化功绩，盛赞“机器人把牙签大小的转轴插入微孔中”的精细场面。文章引用飞利浦首席执行官万豪敦（Frans van Houten）的话说：“我看到中国人也将使用机器人。让制造业重返西方的机会窗口，是在中国人用机器人之前。”

其实，早在2006年，《福布斯》就提出“买个机器人救美国”。针对美国的“再工业化”战略，一些人认为自动化是苹果把生产转回美本土计划的核心。

基于对于机器人发展前景的良好预期，中国唯一的机器人上市公司机器人（300024），虽然也伴随大市急剧波动，但自2009年10月30日上市至2013年2月27日，复权后的价格由上市开盘价74.00涨至172.09，涨幅达到132.55%（图8-1），而同期上海综合指数却由3007.25点跌至2213.22点！

图8-1 2009月10月30日至2013年2月27日机器人周K线
资料来源：根据股市走势自行绘制。

伴随中国老龄化程度提高，中国机器人行业正在迎来最好的发展时期。由于性价比临近拐点，工业机器人接受度渐增，中国已成为全球机器人增长最快的市场。数据显示，“十一五”期间中国工业机器人市场年均增长

30%，累计安装量已达 5 万台。2010 年开始，中国工业机器人需求激增，较 2009 年增长了 1.71 倍，当年工业机器人保有量达到 52290 台；2011 年销售量约 22600 台，同比增长 51%，此增速继续保持世界之最，中国成为继日本、韩国之后全球第三大工业机器人市场。而国际机器人联合会（IFR）的数据显示，2011 年全球新装机器人 139300 台，较 2010 年提高 18%。该协会预计，2014 年中国需求量将达到 32000 台，成为全球最大的机器人需求国[69]。

五、老龄化的投资选择

老龄化对市场供求的变化，对不同行业、不同领域也具有不同影响，进而带来结构性变化。其投资机会也将是结构性的。首先，人口老龄化势必会导致诸多老年疾病，如糖尿病、心脑血管疾病、肿瘤等疾病发病人数的上升。其次，医疗器械相关上市公司，也将受益于医疗器械销售的增长。此外，老年旅游也将成为旅游市场的热点之一。

1. 设备和工业自动化。随着人口红利拐点到来，自动化、智能化改造是中国制造业转型与升级的主要方式，具体包括以自动化器械代替人工、以智能化器械代替非智能化器械两个方面。由于劳动力成本上升促进机器取代人，机械化、自动化、信息化有望加速发展，机器设备制造及自动化等行业将面临旺盛需求，保持持续增长。其中，机器人行业的前景尤其值得注意。

2. 医药：中国老龄化趋势愈发明显，生物医药行业的市场空间就愈发宽广。老龄化意味着身体机能降低，因此，老年人对生物医药产品的需求更为旺盛。这些产品不仅包括抗氧化等相关生物医药产品，而且还包括糖尿病等现代病所需要的生物医药产品。数据显示，老年病中糖尿病、心脑血管疾病、肿瘤等疾病在中国均有庞大的患者群。随着中国医保体系趋于完善，未来对生物医药产品的需求将更趋旺盛，为生物医药企业大发展奠定基础。

3. 医疗器械与医疗保健服务。和医药行业一样，医疗保健器械行业同样受益于老龄化。家用和高端是医疗器械行业的发展方向，血压、血糖、血脂等生理生化指标的无/微创检测产品，以及恶性肿瘤、心脑血管疾病、出生缺陷等重大疾病筛查产品等都是预防领域的重要方向，而1.5/3.0T超导MRI、PET-CT、实时三维彩色超声成像仪、高清内窥镜等高端影像设备则是高端产品的突破方向。

4. 旅游板块：如果医药、医疗关注的是老龄化带来的健康问题，那么旅游则着眼于满足老年人的休闲需求。资料显示，目前旅游出行的人群中，中老年人比例约占60%左右。随着人口日益老龄化，“银发经济”带来的老年人旅游也会成为朝阳产业。有钱又有闲的老年人旅游市场增长极为迅速。老年人出行主要考虑身体的适应性和经济性：出行多乘坐火车，在景区内多乘坐索道，喜欢错峰出行。身体条件较好的老年人多会选择那些海拔较低、缆车索道覆盖较好的景区；一般老年人多会选择那些以水和人文为主题的旅游景点。

以上各种项目，投资者可以关注与之相关的上市公司。

表 8-1 重点关注股票之七（2012 年数据）

股票名称	股票代码	流通股/总股本（亿股）	每股收益（元）	每股资本公积金（元）	加权净资产收益率(%)	行业
机器人	300024	2.98/2.98	0.70	1.64※	16.14	通用设备制造业
蓝英装备	300293	0.22/0.90	0.98	3.77	17.22	专用设备制造业
双鹭药业	002038	3.12/3.81	1.28	-0.01	26.53	医药制造业
恒瑞医药	600276	12.3/12.4	0.65※	0. 26※	17.58※	医药制造业
信立泰	002294	1.91/4.36	1.46	1.82	27.13	医药制造业
华润双鹤	600062	5.72/5.72	0.83※	2.04	10.74※	医药制造业
天士力	600535	5.16/5.16	1.21※	3.00	16.48※	医药制造业
华东医药	000963	2.80/4.34	0.87※	0.02※	22.03※	医药制造业
益佰制药	600594	3.56/3.61	0.57※	0.27※	16.63※	生物制品业
以岭药业	002603	0.84/5.53	0.34	3.66	5.02	医药制造业
中恒集团	600252	10.9/10.9	0.65	0.92	30.98	医药制造业
片仔癀	600436	1.40/1.40	2.53	3.30	26.69	医药制造业
海思科	002653	1.26/8.00	1.12	1.77	29.84	医药制造业
红日药业	300026	1.66/2.49	1.01	1.75	21.73	医药制造业
凯利泰	300326	0.13/0.51	1.24	6.15	20.04	医疗器械制造业
新华医疗	600587	1.74/1.74	0.98	5.12	13.13	医疗器械制造业
宏达高科	002144	0.94/1.77	0.7	5.48	9.67	纺织业
宝莱特	300246	0.27/0.73	0.51	2.57	9.96	医疗器械制造业
和佳股份	300273	0.93/2.00	0.64	2.61	14.39	医疗器械制造业
世纪游轮	002558	0.15/0.59	0.74	6.89	7.33	旅游业

备注：见本书第二章章末表 2-1。

资料来源：作者自行整理。

第九章
美丽中国的期待与忧患

风烟俱净，天山共色。从流飘荡，任意东西。

——南朝梁·吴均《与朱元思书》

一、美丽中国的愿景

中国是个有5000年悠久历史的东方文明古国，幅员辽阔，东西跨经度有60多度，横跨5个时区，东西距离约5200公里；跨越纬度近50度，南北距离约5500公里。地势西高东低，呈阶梯状下降，其中西部有世界屋脊青藏高原，南部、东部又有广阔的海岸线，山地、高原和丘陵约占陆地面积的67%，盆地和平原约占陆地面积的33%。山脉多呈东西和东北一西南走向。海岸线以东以南的大陆架，蕴藏着丰富的海底资源。

这种地理特征使得中国拥有许多壮丽山川，有宽广的陆地，高大的山脉，辽阔的海洋和长江、黄河、珠江、黑龙江、雅鲁藏布江等大江大河，是世界上具有最丰富风景资源的国家之一。此外，中国还拥有雄伟的长城、故宫、西安秦始皇陵、敦煌莫高窟以及苏州园林等闻名世界的名胜古迹，以及奇特的动植物，可谓自然景观与人文景观交映生辉，富于东方风韵。独具特色的传统文化、丰富多彩的民族习俗以及美丽的自然风景一直吸引着世界的目光。

多年来，笔者游览祖国名山大川，足迹遍布庐山、洞庭湖、黄山、九华山、泰山、敦煌、青海湖、长江三峡、黄果树、荔波、九寨、黄龙、四姑娘山等，对祖国美丽的自然景色深有感触。再回味《与朱九思书》、《水经注》、《徐霞客游记》等描绘祖国山河的优美文字，心中不由得生出更多的向往与自豪。

但长期以来，美丽中国并没有得到足够重视和保护。因为贫穷，森林受到过度采伐，青山绿水难以保持，有些地方变成了光山。只是在改革开放后尤其进入21世纪以来，中国大力推广植树造林，经过几十年不懈努力，同时也由于越来越多的农村人口涌入城市，农村人口大为减少，而以前烧柴的能源使用方式也转向煤气化，对森林的破坏大为减少，水土保持才有了很大改善。

虽然中国生态建设取得了巨大成就，但从整体看，中国仍是缺林少绿、生态脆弱的国家。目前，全国森林覆盖率20.36%，不及世界30%的平均水平，沙化土地面积超过国土面积的1/5，水土流失面积超过国土面积的1/3，森林资源和生态总量都严重不足。与此同时，由于伴随工业化而来的环境破坏愈演愈烈，美丽中国更是渐行渐远。径流减小，河流干涸，灰霾天气，水质污染，这些越来越多地进入公众的视野。一些地区空气质量下降，沙尘暴肆虐多年，雾霾天气明显增多，范围越来越大。正由于日益严重的大气污染问题，2012年2月，PM2.5监测指标作为国家标准，被写入国务院新修订的《环境空气质量标准》。但环境污染仍在加剧，环境问题已成为影响中国未来发展的重要制约因素。

“把生态文明建设放在突出地位，融入经济建设、政治建设、文化建设、社会建设各方面和全过程，努力建设美丽中国，实现中华民族永续发展。”2012年10月召开的中国共产党第十八次代表大会给中国人画出了一幅天蓝、地绿、水净，人与自然和谐发展的美丽中国的愿景。

虽然美丽中国涉及各个方面，但其核心还在于生态文明。建设生态自然环境，具体途径可概括为净化、绿化和美化。但就中国现状而言，其中最关键的还在于消除污染，实现环境净化。而从根本上看，实现环境净化的根本途径在于转变现有经济发展模式。有统计数据称，在中国“粗放式”发展阶段，创造1万美元价值所需原料，是日本的7倍，是美国的近6倍，比印度还多3倍。中国最新的“资源枯竭”名单上，已经列入69座城市，包括以资源富饶闻名的大兴安岭地区[70]。随着资源枯竭，生态环境恶化，耕地退化、盐碱化和沙化，水资源需求告急等问题接踵而至。以科学发展为主题，以加快转变经济发展方式为主线，加快形成资源节约型和环境友好型的经济发展方式，是建设美丽中国的根本所在。

加速推进的城市化有利于美丽中国的出现。美丽的中国城乡是美丽中国最重要的方面。在城市化的大趋势中，随着越来越多的人口向城市集聚，农村退耕还林、退耕还牧更成气候，自然生态的恢复更加完全，青山绿水再现，野猪、云豹等野生动物重返森林，森林、河流等自然生态也受到更好保护和恢复。但与此同时，由于越来越多的人口向城市、城镇集中，城市、城镇的环境问题可能更加恶化，建设美丽城市成为建设美丽中国的重中之重。

建设美丽中国所面临的经济转型和产业升级，蕴含着极大的投资空间和投资机会。据清华大学国情研究院院长胡鞍钢估算，“十二五”期间，中国绿色投资将达到8万亿元人民币。这可能是全世界规模最大的绿色投资。其投资领域主要包括生态建设，比如对林业、水利、水土流失治理、荒漠化治理等方面的投入；环境保护，比如对水、大气、固体废物污染的防治；节能减排，比如发展绿色建筑、绿色材料、新能源汽车等[71]。

二、日益趋紧的环境约束

经过几十年快速工业化，中国环境问题日益恶化。改革开放以来的几十年，中国经济取得了全球瞩目的巨大成就。但由于主要依靠廉价劳动力、廉价资源、大规模投资实现经济增长，中国经济增长也付出了环境污染、资源耗损的极大代价。2009 年，中国 GDP 占世界 GDP 总量的 5.5%，却消耗了全世界 40%的煤和炭、54%的水泥、60%左右的钢和铁、70%左右的油和气，即中国单位 GDP 耗损是工业国家的 6 倍[72]。

大气污染加剧。由于巨大的煤炭消耗量以及汽车尾气排放，中国目前是世界上空气污染最严重的国家。灰霾天气屡见不鲜，雾霾天气发生频率增加，面积扩大，至 2012 年末，中国北方地区大面积出现雾霾，雾霾成为关键词进入中国人的日常用语。数据显示，雾霾严重时已覆盖中国 130 万平方公里，包括中国所有重要经济区，并继续向大规模投资的经济区域扩散。2012 年 1 月的卫星探测结果显示，从北京到贵阳间的 2200 多公里覆盖着一条厚重的空气污染带。污染气体排放远远超过欧美国家或废气排放安全水平。欧盟委员会提供的数据显示，2011 年美国二氧化碳排放量达 54.2 亿吨，而中国为 97 亿吨。北京市环境保护监测中心的数据显示，2013 年 1 月城区 23 个监测点的 PM2.5[73]值，多次达到每立方米 500 微克的数值，1 月 12 日，西直门北的监测点 PM2.5 值一度达到 993 微克。而世界卫生组织提出，PM2.5 值小于 10 才是安全数值。大气污染导致肺癌等呼吸道疾病大幅增加。联合国环境规划署的网络资料显示，仅在欧洲，PM2.5 每年可能导致38万人死亡。而据北京大学潘小川教授研究团队公布的报告推算，2012年仅仅北京、上海、广州、西安四城市因PM2 .5污染造成的早死人数就可能达到8572人[74]。由于大气严重污染，过去30年间，中国肺癌死亡率上升465%，肺癌因此成为上升速度最快的癌症，已取代肝癌成为中国首位肿瘤死因[75]。空气污染造成巨大的经济损失。2013年1月14日，亚洲开发银行与清华大学公布《迈向环境可持续的未来——中华人民共和国国家环境分析》报告称，中国空气污染每年造成的经济损失，基于疾病成本估算相当于国内生产总值的1.2%，基于支付意愿估算则高达3.8%。2012年，中国GDP总量为519322亿元，以1.2%计，达6232亿元，以3.8%计，高达19734亿元。

水质污染加剧。根据环境保护部发布的《2011年中国环境状况公报》，全国地表水水质总体为轻度污染，湖泊富营养化问题突出。在监测的200个城市4727个地下水监测点位中，优良—良好—较好水质的监测点比例为45%，较差—极差水质的监测点比例为55%。农村环境问题日益显现。2011年对全国364个村庄的监测试点结果表明，环境空气质量达标的村庄占81.9%；农村地表水为轻度污染；农村土壤样品超标率为21.5%；垃圾场周边、农田、菜地和企业周边土壤污染较重。中国水资源总量的1/3是地下水，而中国地质调查局的专家在国际地下水论坛的发言中指出，全国90%的地下水遭受不同程度污染，其中60%污染严重。据新华网报道，有关部门对118个城市连续监测数据显示，约有64%的城市地下水遭受严重污染，33%的地下水受到轻度污染，基本清洁的城市地下水只有3%[76]。

土壤污染加剧。环保部2006—2010年组织开展的土壤污染调查结果表明，珠三角、长三角、环渤海等发达地区，均不同程度地出现局部或区域性土壤环境质量下降现象。工业“三废”排放，各种农用化学品使用，城市污染向农村转移，污染物通过大气、水体进入土壤，重金属和难降解有机污染物在土壤中长期累积，致使局部地区土壤污染负荷不断加大。而该部在对中国30万公顷基本农田保护区土壤有害重金属抽样监测时发现，有3.6万公顷土壤重金属超标，超标率达12.1%。因重金属造成的水源和土壤污染已对中国生态环境、食品安全、百姓身体健康和农业可持续发展构成严重威胁。据环保部门估算，全国每年因重金属污染的粮食高达1200万吨，造成的直接经济损失超过200亿元[7]。

近岸海域环境问题突出。根据《2011年中国海洋环境状况公报》，2011年中国近岸海域环境问题突出，主要表现在陆源排污压力巨大，近岸海域污染严重，赤潮灾害多发，局部区域海水入侵、土壤盐渍化、海岸侵蚀等灾害严重，海洋溢油等突发性事件的环境风险加剧等。海水水质为劣四类的中国近岸海域面积约为4.4万平方公里，高于“十一五”期间3.2万平方公里的平均水平，严重污染区域主要分布于大中型河口、海湾和部分大中城市近岸海域；主要超标物质仍是无机氮、活性磷酸盐和石油类；海水中无机氮和活性磷酸盐含量超标导致近岸局部海域富营养化，全国约2.2万平方公里的近岸海域水体呈重度富营养化状态。陆源排污是影响海洋的主要原因。2011年54条主要江河携带入海的污染物总量约1673万吨，比上年略有增加。由于长江携带了最多陆源污染物，长江入海口一带已成为最大的劣四类水区域。另外，海岸线的经济开发也带来环境压力。以渤海为例，其海岸线开发利用率超过80%，纯自然岸线不足20%。

环境污染所导致的环境成本，给中国经济造成巨大损失。2006年，国家环保总局和国家统计局共同发布《中国绿色国民经济核算研究报告2004》。这份中国迄今为止唯一被公布的绿色GDP核算报告显示，2004年全国因环境污染造成的经济损失为5118亿元，占当年GDP的3.05%。其中，水污染的环境成本为2862.8亿元，占总成本的55.9%；大气污染的环境成本为2198.0亿元，占总成本的42.9%；固体废物和污染事故造成的经济损失57.4亿元，占总成本的1.2%。虚拟治理成本为2874亿元，占当年GDP的1.80%。

三、中国环境治理之道

中国环境保护事业始于20世纪五六十年代。1972年6月，中国政府代表团参加联合国人类环境会议，会议通过《人类环境宣言》，环境保护开始摆上国家议事日程。

改革开放以来，中国环境保护工作逐步得到加强，环境保护事业稳步发展。1978年，全国人大五届一次会议通过的《中华人民共和国宪法》规定，“国家保护环境和自然资源，防治污染和其他公害”，在新中国历史上第一次对环境保护做出明确规定。1983年召开的第二次全国环境保护工作会议，正式把环境保护确定为中国的基本国策，制定了“经济建设、城乡建设和环境建设要同步规划、同步实施、同步发展，做到经济效益、社会效益、环境效益相统一”的指导方针，明确了“预防为主、防治结合”、“谁污染、谁治理”和“强化环境管理”的环境保护三大政策。1984年5月，国务院发出《关于环境保护工作的决定》，对有关保护环境、防治污染的一系列重大问题，包括环境保护的资金渠道都做出了比较明确的规定，环境保护开始纳入国民经济和社会发展计划，成为经济和社会生活的重要组成部分。

1992年联合国环境与发展大会后，中国在世界上率先提出《环境与发展十大对策》，第一次明确提出转变传统发展模式，走可持续发展道路。随后中国又制定了《中国21世纪议程》、《中国环境保护行动计划》等纲领性文件，提出了中国可持续发展的总体战略、对策以及行动方案，确定了污染治理和生态保护重点，加大了执法力度，积极稳步推行各项环保管理制度和措施，环境保护工作取得了较好效果。1996年3月，全国人大八届四次会议审议通过了《中华人民共和国国民经济和社会发展“九五”计划和2010年远景目标纲要》，把实施可持续发展作为现代化建设的一项重大战略。中国环境保护事业进入快速发展时期。

2002年，中国第一部循环经济立法——《清洁生产促进法》出台，标志着中国污染治理模式由末端治理开始向全过程控制转变。2007年以后，中国进一步加大环境保护力度，制定了建设资源节约型、环境友好型社会，大力发展循环经济，加大自然生态和环境保护力度，强化资源管理等一系列政策；建立了节能降耗、污染减排的统计监测和考核体系和制度，极大促进了中国环境保护事业的进一步发展[78]。

虽然成绩斐然，但面对目前的环境状况，中国除了在发展新能源、提高能源利用效率等方面继续努力，还须在排放标准、加强法治、大力发展绿色交通等环境治理方面采取进一步的有效措施，降低环境污染程度和水平。

提高排放标准。中国在污染物排放标准的制定方面起步较晚，经过屡次修订，目前的标准仍低于欧美国家。以汽车排放标准为例，美国、欧洲和日本是当今世界三个体系，其中美国是当今世界上控制汽车排放最严格的国家，现行的EPA 2010排放标准是目前全球最严格的尾气排放法规之一。欧洲在汽车排放控制上起步较晚，标准相对宽松。中国许多省市采用国III标准，北京市自2008年起采用国IV标准，目前在制定国V标准。按照国V标准，一辆轻型车，比国Ⅳ标准将减少25%的氮氧化物排放。而国V供油后，北京市所有在用汽油车的氮氧化物排放量也将下降 10%。但即使是国 V 标准，相比美国与欧洲最新排放标准和治理水平，也还有一定差距[79]。由于排放标准低，中国生产的汽油和柴油中的含硫量大大高于西方国家，成为城市雾霾含毒污染的主要来源。

加强法治。排放标准最终通过法律规定加以明确和落实。以大气污染为例，德国的经验可资借鉴。德国对空气质量的管理首先就从法律层面把关。20 世纪 70 年代，德国环境污染持续恶化，影响人民生活质量，备受公众关注，特别是对大型发电站加装过滤装置的呼声日益强烈。1974 年，联邦德国出台《联邦污染防治法》，制定排放标准，对大型工业企业进行约束。1979 年，联邦德国出台《关于远距离跨境空气污染的日内瓦条约》，对区域空气污染控制做出规定。1999 年，欧洲国家、美国和加拿大共同签署《哥德堡协议》。这些严格的法律规定不仅强化了空气质量管理，而且推动了环保技术创新，并为企业创造了新的市场[80]。

大力发展公交等“绿色交通”，减轻大气污染。改革开放 30 多年，随着中国经济持续高速发展，城市化与机动化增长迅速，超过发达国家历史同期水平。城市化水平自 1980 年以来，大约年增一个百分点，2011 年已经超过 50%，而机动车每年增速达到 14%~18%。目前机动车排放的污染物对中国城市的多项大气污染指标的“贡献率”已达 60%以上，机动车尾气已成为大气污染的首要污染源。发展以公共交通为主的城市交通体系，是解决大城市日益紧张的交通压力的有效手段和根本途径，也是 21 世纪世界城市交通发展的必然趋势。据统计，每百公里的人均能耗，公共汽车是小汽车的 8.4%，电车为 3.4%~4%，地铁为 5%。公共交通在高峰小时每人每公里排放的一氧化碳、碳氢化合物、氮氧化物三项污染物，分别是小汽车的 17.1%、6.1%、17.4%。如果采用个体小汽车出行的人有 1%转乘公共交通，仅此一项中国每年节省燃油将达 0.8 亿升[81]。

利用先进信息技术，节能减排。近年来，中国许多城市都提出了建设智慧城市的美好愿景。利用物联网等先进信息技术，智慧城市建设可能成为节能减排的重要途径。以美国第一个提出智慧城市的艾奥瓦州迪比克市为例，以建设智慧城市为目标，迪比克计划利用物联网技术，将城市所有资源（包括水、电、油、气、交通、公共服务等）数字化并连接起来，监测、分析和整合各种数据，进而智能化地响应市民需求并降低城市能耗和成本，使迪比克市更适于居住和商业发展。迪比克市首先向所有住户和商铺安装数控水电计量器，其中包含低流量传感器技术，防止水电泄漏造成的浪费。同时搭建综合监测平台，及时对数据进行分析、整合和展示，使整个城市对资源使用情况一目了然。更重要的是，迪比克市向个人和企业公布这些信息，使他们对自己的耗能有更清晰认识，对可持续发展有更多责任感。

四、绿化与美好

绿化和美好同样是建设美丽中国的重要而且必不可少的途径。

改革开放以来，中国一直很重视绿化工作。1979 年 2 月，五届全国人大常委会第六次会议根据国务院提议，将 3 月 12 日定为中国植树节。1981 年 12 月 13 日，五届全国人大四次会议通过《关于开展全民义务植树运动的决议》。次年，国务院颁布《关于开展全民义务植树运动的实施办法》，将群众性植树活动首次以国家法定形式固定下来。1984 年，中共中央、国务院发布《关于深入扎实地开展绿化祖国运动的指示》，提出“力争把全国森林覆盖率由现在的百分之十二提高到百分之二十”的奋斗目标。随后，中国又先后启动包括长江流域等防护林建设工程、退耕还林工程等多个“林业重大工程”，共计投入5000亿—6000亿元人民币。

在政府大力倡导和推动下，植树造林日渐成为一项全民参与的公益活动。全民义务植树运动一方面加快了国土绿化步伐，扩大和巩固了生态建设成果，另一方面推进了生态文明建设，促进了绿色理念和全社会生态文明观念形成，促进了国家形象和国际影响力的提升。2010年4月，联合国粮农组织（The Food and Agriculture Organization of the United Nations，FAO）发布《全球森林资源评估报告》，高度评价中国在扭转全球森林资源持续减少中所做出的重大贡献。该评估报告显示，中国森林资源列俄罗斯、巴西、加拿大和美国之后，位居全球第五；进入新世纪以来，中国大规模植树造林，抵消了南亚及东南亚地区森林资源的持续大幅减少，导致亚洲地区森林面积在上世纪90年代减少的情况下出现净增长；2005—2010年世界人工林面积每年增加约500万公顷，主要原因是中国在无林地上实施了大面积造林；1990—2010年世界防护林面积增加5900万公顷，主要归结于上世纪90年代以来，中国大面积营造防风固沙林、水土保持林、水源涵养林和其他防护林。在世界森林资源持续减少的情况下，中国成为全球森林资源增长最快的国家[82]。

中国官方数据显示，20世纪80年代末90年代初，通过开展义务植树，各地荒山荒地绿化速度大大提高，广东、福建、湖南等12个省区率先实现了基本消灭宜林荒山荒地的目标。进入21世纪以来，义务植树成为工程造林的重要辅助手段，有力地推进了退耕还林、天然林保护、京津风沙源治理等林业重点工程建设。截止2011年，全国森林面积由1981年的1.15亿公顷增至1.95亿公顷，森林覆盖率由12%增至20.36%，森林蓄积量由90.28亿立方米增至137.21亿立方米，人工林面积由0.22亿公顷扩大到0.62亿公顷，并保持在世界首位。全国城市建成区绿地面积达到144.37万公顷，公园绿地面积达到44.13万公顷，人均公园绿地面积11.18平方米，城市建成区绿化覆盖率38.62%、绿地率34.47%。交通、铁路、水利部门积极推进绿色通道建设，实现公路绿化194.34万公里，公路绿化率达58.1%；铁路实现绿化达标3.43万公里，占宜林线路的74.2%；湖泊、水库周边绿化10.7万公顷，江河沿岸绿化5.61万公里[83]。

虽然成绩可嘉，但与世界水平相比仍有很大差距。世界银行WDI数据库的数据显示，1990-2000年和2000-2010年，中国森林平均消失率均为负数，分别为-0.13%和-0.03%。尽管如此，2000年和2010年中国的森林覆盖率分别为19.0%和22.2%，仍低于31.5%和31.1%的世界水平[84]。

笔者曾长期生活、工作于长江以南地区，对近30年来中国绿化的成效感同身受。在南方很多地方，原来光秃秃的的荒山，现已绿树成荫，说明绿化工作卓有成效。虽然与欧美发达国家相比，局部地区开天辟地，水土保持更有很大差距，但成绩有目共睹。其中的严重问题在于，一些地方为了种植桉树（用于制造纸浆）等经济林，或者名曰“给植树让路”，以改造名义将山杏、山桃、荆条等本地树木、天然树砍光烧尽，再种上品种单一的各类经济树木，将天然林替换成人工林。流风所及，中国南方、北方和东南地区，分别为杉树、杨树和马尾松所主导。而在水土保持良好的美国，树木多是混杂不一，很难找到一片树种单一的树林。

这种品种单一的人工林，虽然看上去郁郁葱葱，一片碧绿，但水土保持效果却远不如之前的天然林。因为只有天然的生态系统才可能拥有良好的生物多样性，而人工林树种单一，林层和林龄都非常接近，就无法形成这种生物多样性。更进一步说，天然林地被大面积替换为人工纯林后，表面上绿色连绵，实际上却只有一个空壳，林下很少有其他植被，动物种类也很少，菌类几乎没有，水源涵养能力远不如天然林，地面植被覆盖差，易引发火灾、山体滑坡等自然灾害。也正是这种天然林破坏导致天然生态破坏，导致中国森林覆盖率虽较40年前大幅提高，但由于水土保持效果下降，很多河流的水量不如以前。

以上还是乐观的情况。悲观的情况是，伴随天然林消失，当地的原生生态系统遭受严重破坏，最终使得人工林也难以存活。根据国家林业局公布的统计数字，尽管中国的人工林面积位居世界第一，但真正保存的面积，只有61.688万平方公里，占实际造林面积的23.5%[85]。事实上，正是由于长江上游原生生态系统遭受破坏，水土流失严重，长江正面临成为第二条“黄河”的危险。

中国绿化的更主要问题还在于北方。一过长江，树木就稀疏很多。河南、山东一带，树木都说不上茂盛。再往北，沙尘暴似乎比春天的到来还来得让人惊异，屡屡见诸报端。而2010年公布的全国第四次沙化监测结果却显示，中国荒漠化、沙化土地面积持续净减少，沙化土地由上世纪末年均扩展3436平方公里转变为年均缩减1717平方公里；土地荒漠化和沙化程度减轻。与2004年比，轻度荒漠化土地增加3.47万平方公里，中度、重度、极重度荒漠化土地分别减少1.69万平方公里、6800平方公里、2.34万平方公里。轻度沙化土地面积增加2.73万平方公里，中度、重度、极重度沙化土地分别减少9906平方公里、1.04万平方公里、1.56万平方公里[86]。

北方的根本问题在于土地荒漠化。多年来，土地荒漠化是中国最突出的生态问题。中国是世界上荒漠化面积大、分布广、受荒漠化危害最严重的国家之一。全国荒漠化土地总面积达263.62万平方公里，占国土总面积的1/3；沙化土地173.97万平方公里，占国土面积的1/5。一些地区沙化土地仍在扩展，因土地沙化每年造成的直接经济损失高达500多亿元人民币，全国有近4亿人受到荒漠化沙化的威胁，贫困人口的一半生活在这些地区。土地荒漠化已成为中华民族的心腹大患[87]。

面对上述生态现状，中国在北方尤其西北一线，大力推进退牧还草。2003年，中国开始实施退牧还草工程。2006年12月16日，国务院正式批准在西部11个省区实施退牧还草，重点治理蒙甘宁西部荒漠草原、内蒙古东部退化草原、新疆北部退化草原和青藏高原东部江河源草原，先期集中治理的10亿亩草原约占西部地区严重退化草原的40%。2011年8月22日，国家发改委、财政部、农业部印发《关于完善退牧还草政策的意见》的通知，进一步完善退牧还草政策的重要举措。

中国在北方尤其西北一线，如何绿化也有待进一步研究。北方具有与南方迥然不同的气候和生态特点，一则因为北方很多地方为干旱半干旱区，而树木消耗的水分远大于草本植物和耐旱的灌木，干旱半干旱区并不不适宜大面积森林分布。二则调研发现，在生态退化尚没有达到生态恢复"阈值"的广大草原地区、半干旱荒漠地区，自然界靠其固有的恢复能力能够实现生态恢复，既不需要造林，也不需要飞播种草。自然恢复的草原、灌木和天然乔木最符合自然规律，野生动物种群在没有任何投资的前提下也更能自然恢复。三则植被与气候相对应。西部沙漠是中国大生态系统的一部分。没有西北沙漠，东南季风就会减弱，东南沿海的上海和广东一带就有可能成为沙漠。四则人造的森林生态功能低下。天然林至少有乔木、灌木、草本这三个层次，每层中还有不同种类的动物与之适应，而大部分人造森林只有乔木层，与天然林无法相比[88]。

美化同样是建设美丽中国的重要途径。美化主要体现在城市绿化中。西方历史上，19世纪末、20世纪初，欧美曾出现城市美化运动，这也是欧美许多城市针对日益加速的郊区化倾向，为恢复城市中心的良好环境和吸引力而进行的城市“景观改造运动”。1909 年，城市美化运动的代表人物伯恩海姆与奥姆斯特德、詹姆斯·麦克米兰组成哥伦比亚会议三人专家小组，开始研究芝加哥美化问题。他们提出的“芝加哥规划”，标志着城市美化运动正式开始。城市美化运动的核心思想是采用古典主义加巴洛克的风格手法设计城市，恢复城市中失去的视觉秩序和和谐之美。奥姆斯特德还通过主持纽约中央公园的规划设计，推动了城市美化运动传播。西方国家随后掀起了一股城市美化运动热潮。

尽管城市美化运动旨在创造新的物质空间环境和秩序，但由于其具有局限性，被认为是特权阶级为自己在真空中做规划，具有很强的装饰性，但未能构建整体良好的居住、工作环境，并未解决城市要害问题，于是昙花一现，很快在历史舞台逝去了。

城市美化运动在西方已然远去，却在中国得以复兴。无论是北方大都市，还是南国小城，无论是新建小镇，还是千年古都，许多城市都为建设纪念性和展示性景观大道而大兴土木。它们往往以欧洲的巴洛克城市景观大道为模板，强调宽广、气派和街景立面的装饰。城市绿化和园林建设蔚然成风。灯光工程、雕塑一条街、雕塑公园等成为一时风尚。这其中，城市绿化和园林建设的功绩最可称道，因为一个城市只有具备良好的森林生态系统，使森林和城市融为一体，人与自然和谐相处，才称得上是发达、文明的现代化城市。问题是，其中屡见不鲜的大树移植，实际上是以牺牲异地环境为代价，通过破坏原产地的完整生态系统来实现城市美化的。

城市美化最根本的的问题在于城市快速发展之于城市内涵的破坏。可见绿化和美化都需要更多、更深入的措施！

五、美丽中国的投资选择

美丽中国作为中国长期发展的美好愿景，会通过政策支持最终在产业布局上面体现出来。在股票市场，可重点关注环保产业，包括生态环境建设、生态修复、环境治理等相关领域。还可适当关注旅游、清洁能源、节能、城镇化建设等领域。

1. 生态环境建设：在生态建设方面，根据中国环境现状，工作重点仍需集中在水利和林业建设、防范水土流失和土地沙漠化项目上。具体包括：1.防风固沙。2.园林建设。3.植树造林。

2. 生态修复：1.水处理。随着生态文明、美丽中国战略提出，中国水处理产业发展前景良好，业绩增长可期。2.土壤修复。进入审批的《土壤环保“十二五”规划》提出，“十二五”期间，用于全国污染土壤修复的中央财政资金将达 300 亿元，带动产业总投资将达数千亿元。

3. 环境治理：包括污水处理、固体废弃物处理、大气污染治理三大模块。

⑴ 污水处理：河流治理符合中国的水利建设主线，是美丽中国不可分割的一部分，多重合力将使污水处理股的产业前景更为乐观。国务院办公厅 2012 年公布的《“十二五”全国城镇污水处理及再生利用设施建设规划》，对污水管网建设、污水处理厂升级改造、污泥处理、再生水利用等提出具体规划指标，总投资规模近 4100 亿元。其中包括两类，一类拥有在污水处理环节当中发挥主导作用的净化材料——分离膜技术的上市公司；另一类是从事污水处理业务的上市公司。

(2) 废气治理：主要体现在除尘、烟气脱硫处理以及脱硝几个方面。以火电烟气脱硫脱硝为代表的大气污染防治可能成为未来一段时期废气治理的首要阵地。

(3) 固废处理："十二五"期间，工业固废处理和垃圾焚烧事业有望得到迅猛发展。

以上各项目，投资者可以关注相关上市公司。

表 9-1 重点关注股票之八（2012 年数据）

股票名称	股票代码	流通股/总股本（亿股）	每股收益（元）	每股资本公积金（元）	加权净资产收益率（%）	行业
蒙草抗旱	300355	0.34/1.37	1.13	3.06※	26.59	土木工程建筑业
铁汉生态	300197	0.54/2.11	1.03	4.39	14.85	土木工程建筑业
新界泵业	002532	0.45/1.60	0.54	3.31	10.06	通用设备制造业
碧水源	300070	2.52/5.50	1.02	3. 86	15.95	专业、科研服务业
维尔利	300190	0.39/0.98	0.69	7.40※	7.40	生态保护和环境治理业
万邦达	300055	1.69/2.29	0.43	5.59	5.79	土木工程建筑业
燃控科技	300152	1.50/2.41	0.30	4.01※	5.21	锅炉及原动机制造业
天立环保	300156	1.50/1.89	0. 35	3.22	6. 60	专用设备制造业
龙净环保	600388	2.10/2.14	0.84※	5.60※	7.54※	专用设备制造业
桑德环境	000826	6.22/6.44	0.54※	0.82※	15.71※	生态保护和环境治理业
东江环保	002672	0.25/1.50	1.88	6.49※	15.40	生态保护和环境治理业

备注：见本书第二章章末表 2-1。

资料来源：作者自行整理。

第十章
中国气候也变暖

乍暖还轻冷，风雨晚来方定。

——北宋·张先《青门引》

一、全球气候变迁的历史回顾

气候变化是个典型的全球环境问题。地球约在50亿年前后形成为行星，20亿年前出现大气圈和水圈，地球气候史从此展开。考证认为，地球气候经历着时间尺度为几十年到几亿年为周期的气候变化，现在科学界公认的气候周期变化分三个阶段：距今22亿~1万年的地质时期气候，最大特点是冰期与间冰期交替出现；历史时期气候，一般指1万年左右以来“冰后期”的气候；近代气候，系指近一二百年有气象观测记录时期的气候。

从历史时期的气候变化看，自第四纪更新世晚期，从距今1万年左右开始，全球进入冰后期。根据挪威冰川学家所做的冰后期近1万年来挪威的雪线升降图，近1万年来雪线升降幅度并不小，表明这期间世界气候有两次大的波动：一次是公元前5000年到公元前1500年的最适气候期，当时气温比现在高3℃~4℃；一次是15世纪以来的寒冷气候，其中1550~1850年为冰后期以来最寒冷的阶段，称小河冰期，当时气温比现在低1℃~2℃。

根据考古资料和历史记载，竺可桢研究了中国冰后期后半期近5000年的气候变迁，将5000年来中国的气候划分为4个温暖时期和4个寒冷时期。在近5000年的最初2000年间，中国大部分时间的年均温度比现在高2℃左右，是最适气候期。从公元前1000年的周朝初期以后，气候有一系列冷暖变动，其分期特征是：温暖期越来越短，温暖程度越来越低。

竺可桢（1890—1974），字藕舫，浙江绍兴人，早年获哈佛大学博士学位，1920—1925年创建东南大学地学系并任系主任，1936年任浙江大学校长，1948年当选中央研究院院士，1955年当选中国科学院院士，曾任中国科学院副院长、中国气象学会名誉理事长、中国地理学会理事长，被公认为是我国气象、地理学界的“一代宗师”，对中国历史气候研究做出了卓越贡献。他在1961年撰写的《历史时代世界气候的波动》和1972年发表的《中国近五千年来气候变迁的初步研究》，可以帮助我们解开中国数千年气候变化的规律。

竺可桢的研究表明，数千年里中国气候不是一直变暖，也不是一直变冷，而呈现一定周期性，每次波动周期历时约400-800年。中国4个温暖时期和4个寒冷时期所表现出的特点，与世界冰后期气候变动总趋势是一致的。

第一个温暖时期（公元前3000年到公元前1000年左右，仰韶文化时代和河南安阳殷墟时代）。黄河流域的平均温度大致比现在高2℃，一月温度约3℃~5℃，当时西安和安阳地区有大象等十分丰富的亚热带植物种类和动物种类。第一个寒冷时期（公元前1000年左右到公元前850年，周代初期），汉水两次结冰，之后紧接大旱。生产遭受极大影响，周王室权力衰落，对诸侯国缺乏有力控制，中国历史迎来春秋战国时代。

第二个温暖时期（公元前770年到公元初年秦汉时代）。象群栖息北限移到淮河流域及其以南，公元前659年到公元前627年，淮河流域有象栖息。由于风调雨顺，粮食等作物获得大丰收，为汉武帝北征匈奴提供了雄厚的物质保证。第二个寒冷时期（公元初到公元600年，东汉、三国到六朝时代），有淮河封冻的记载（公元225年）。温度较当今低1℃左右，寒冷天气导致天灾不断，在地方豪强掠夺下，民不聊生，各地起义不断，群雄割据，中国最终走向分裂。

第三个温暖时期（公元600年到1000年，隋唐时代）。象南移至长江以南如信安（浙江衢县）和广东、云南一带。唐末，中国再次变冷，坏天气使中央王朝不堪一击，中国又迎来混战局面。第三个寒冷时期（公元 1000 年到公元 1200 年，南宋时代），太湖出现封冻情况（公元 1111 年）。1178 年，福州的荔枝曾全部冻死，气温较现在低 1℃~2℃。

第四个温暖时期（公元 1200 年到公元 1300 年，元朝初期）。在第三个温暖时期，今河南省博爱和陕西西安、凤翔都设有管理竹园的竹监司，到南宋时，因气候寒冷，竹子无法生长，竹监司被取消（凤翔除外）。到元朝初期（公元 1268 年到公元 1292 年），竹监司重新设立，说明气候转暖。

第四个寒冷时期（公元 1400 年到公元 1900 年，明末至清朝时代）。17 世纪是中国最寒冷时期，其中 1650~1700 年为最冷，在这 50 年中，太湖、汉水和淮河结冰四次，洞庭湖结冰三次。江西建于唐朝的柑桔园在公元 1654 年和公元 1676 年的强烈寒冬中完全毁掉。在近 500 年的第四次寒冷期，即欧洲所谓的“现代小冰期”，温度仍有明显起伏，其中有四次较冷期（即 1470~1520 年，1620~1720 年，1840~1890 年，1945~1963 年）和三次回暖期（1550~1600 年，1720~1830 年，1916~1945 年）。

上述气候变迁过程，解释了许多历史谜团。比如，晚唐诗人杜牧名诗《过华清宫》：“长安回望绣成堆，山顶千门次第开。一骑红尘妃子笑，无人知是荔枝来。”描绘了杨贵妃看到从远方快递而来的荔枝会心一笑的场景。荔枝从何而来？岭南吗？不，应是涪陵，也即唐朝涪州一带。唐代涪州辖境相当于今重庆涪陵、南川、长寿、武隆四地。谢枋得《唐诗绝句注解》有云：“明皇天宝间，涪州贡荔枝，到长安，色香不变，贵妃乃喜。州县以邮传疾走称上意，人马僵毙，相望于道。”隋唐至五代期间，中国正处气候温暖时期。在唐代，北纬 31 度附近（如四川成都、忠州一带）是适合荔枝生长的。唐天宝年间，由于生于蜀的宠妃杨玉环喜食新鲜荔枝，唐玄宗为取悦于她，曾下令在盛产荔枝的涪州设荔枝驿，采涪州西荔枝名园——“妃子园”所产荔枝名品“玉真子”，连枝带叶密封于新砍竹筒中，装笼上马，由涪州北的鹤游坪取道垫江、梁平，经小川北大道，过巴中、汉中，越秦岭子平谷，经七天七夜抵达西安，到达华清宫时荔枝色、香、味不变。

上述气候变迁过程还表明，气候大的变化与王朝更替基本一致。除了经济、政治等因素之外，气候变化是改变王朝命运的重要因素。“民以食为天”，中国作为传统的农业国，气候变化直接影响农业收成。如果风调雨顺，物产丰饶，政权就易稳定；否则饥殍遍野，政权稳定谈何容易？比如明朝灭亡，虽是各方面因素综合的结果，但气候问题是加速明朝灭亡的重要因素。崇祯自打第一天当皇帝起，自然灾害就不断。崇祯元年（公元1628年）起，华北发生可怕旱灾，赤地千里，寸草不生。农民连基本生存都不能保证，只有铤而走险。李闯王、高迎祥、张献忠等被明朝军队痛击后，又借河南天灾而迅速壮大，最后被李闯王攻破北京城，导致明王朝彻底覆灭。

气候变化还是导致中国政治、经济、文化中心迁移的主要原因。在唐朝之前，以西安为核心区的关中地区一直是中国政治、经济、文化中心，与之相应的是近三千年温暖期。自宋以后，中国大地基本上处于寒冷期，一度作为中国政治、经济、文化中心的关中地区因物产下降而地位渐降。丝绸之路随之渐被废弃。中国经济中心不断南移，长江中下游平原成为中国的粮食主产区，海上丝绸之路因此渐成主流。

从全球来看，从19世纪末到20世纪40年代，世界气温曾出现明显的波动上升现象。这种增暖在北极最为突出，1919~1928年间的巴伦支海的水面温度比1912~1918年时高出8℃。巴伦支海在20世纪30年代曾出现许多以前不曾出现的喜热性鱼类；1938年曾有一艘破冰船深入新西伯利亚岛海域，直到83°05′N，创造了世界上船舶自由航行的最北纪录。这种增暖现象到 20 世纪 40 年代达到顶点。此后，世界气候又出现变冷现象，以北极为中心的 60°N 以北，气温越来越冷。进入 60 年代以后，高纬地区气候变冷的趋势更加显著。1968 年冬，原来隔着大洋的格陵兰岛竟被冰块连接，北极熊因此从格陵兰踏冰走到冰岛。进入 20 世纪 70 年代后，世界气候又趋变暖，1980 年后，世界气温增暖形势更为突出[89]。全球陆地表面升温速率加快。20 世纪 90 年代气温高于 80 年代，而 2000 年气温又高于 90 年代。2001–2010 年是近百年全球最暖的 10 年，其中 2010 年是近百年全球最暖的一年。

二、全球气候变暖的起因

气候变暖是近年来越来越引起全球瞩目的话题。随着人们切身感受的加深，气候变暖从国际机构和各国政府的论坛或者会场，飞入寻常百姓家。

最近一轮的气候变暖，原因在于温室气体、煤烟和甲烷。据斯坦福大学 2007 年的一项研究显示：二氧化碳是人为导致全球变暖的首要原因，占总比例 48%；煤烟是第二大原因，占 16%；甲烷紧随其后，占 14%。

温室气体浓度增加当追溯到工业革命。伴随工业化和现代化进程，由于人类活动影响，自 1750 年以来全球大气中二氧化碳、甲烷和氧化亚氮等温室气体浓度显著增加，全球气候变暖。这已为近 160 多年的全球气温记录所证实。1880 年至今，全球气温共上升 0.75℃[90]。

20 世纪 60 年代末，随着第一次现代环保运动兴起，人类更多依赖气候而不能控制气候的观点被逐步接受。20 世纪 70 年代，联合国发起一系列与气候问题有关的国际会议，将粮食、水资源和荒漠化问题与气候变化联系在一起，明确了人类引发的气候变化所致的各种可能后果。60 年代和 70 年代初发生的几起极端气候事件，如苏联干旱、印度雨季变化和欧洲干旱都表明人类对气候的依赖，同时也促进了科学界对气候问题的研究。

1979 年 2 月第一届世界气候大会发表声明指出："由于化石燃料的燃烧、森林的砍伐、土地利用的变化，在最近一个世纪中二氧化碳的总量增加了约 15%，目前正以每年 0. 4%的速度增加。这种增加在未来有可能继续。"这是国际科学界在全球变暖问题上初步达成的共识。

20 世纪 80 年代以来，国际科学界和大多数国家政府都高度关注和重视全球气候变化对各国经济和社会发展产生的影响。1985 年 10 月的奥地利维拉赫会议明确指出：最高级实验显示，大气层二氧化碳浓度每增加一倍，全球平均表面温度将上升 1.5℃~4.5℃。维拉赫会议所表达的自信是建立在 20 世纪 80 年代气候研究的巨大进展之上的。其中最重要的进展包括建立更接近现实的大气模型，进一步认识到氟利昂、甲烷、氧化亚氮、平流层臭氧等其他温室气体的重要性。虽然在 70 年代科学界也已开始意识到这些温室气体的重要性，但直到 80 年代，大气模型才将这一因素吸收，并显现其政策意义。

虽然存在关于气候变暖原因的争论，比如有些科学家认为是自然因子影响，但气候变暖主要在于人为活动，是大多数科学家所认同的的主流观点。这也是基于观测事实和数值模拟结果所做出的判断。人类活动对气候变暖影响的共识，是科学界在 20 世纪 90 年代基本形成的。2007 年 10 月 2 日，联合国政府间气候变化专业委员会（Intergovernmental Panelon Climate Change，IPCC）发布《第四次气候变化评估报告》。报告历时 3 年，有来自世界 130 多个国家和地区的 500 多名专家参与。报告指出，过去 50 年发生的变化，90%以上可能是人类活动造成的。人类活动排放了大量温室气体，导致大气温室效应增加，全球变暖。在过去 100 年（1906—2005 年）中，全球平均地表气温升高 0.74℃，1961—2003 年全球海平面上升 0.18 米左右，1993—2003 年上升 0.31 米左右。报告预测，从人类工业时代开始到 2100 年，全球平均气温的“最可能升高幅度”是 1.8℃-4℃，海平面升高幅度是 19 至 58 厘米，最多升高 28 至 58 厘米。

政府间气候变化专门委员会分别于 1990 年、1995 年和 2001 年完成了三次全球气候变化评估报告。第一次评估报告指出，近百年全球平均地面气温升高了 0.3℃~0.6℃、海平面升高 0.1~0.2 米，并指出上述增温幅度与气候模式预测的结果一致。第二、三次评估报告都指出，有证据证明过去 50 年观测到的大部分增暖可归因于人类活动，其可能性是 66%。2007 年 2 月 2 日发布的第四次评估报告更确认了人类活动对气候变暖的影响，提出全球变暖有 90%可能是人类活动造成的。

最新的观测数据和计算机气候模式模拟结果，支持了“观测到的 20 世纪中叶以来大部分的全球平均温度的升高，很可能是由于人为温室气体浓度增加所导致的”这一评估结论。首先是工业革命以来，大气温室气体浓度与地表平均温度均表现为上升趋势，且二者上升幅度都表现为人类排放源较多较强的北半球大于南半球；二是温室效应的基本物理定律能够很好解释“地球表面和低层大气增暖”及“高层大气变冷”现象；三是只有考虑人类活动作用，特别是大气温室气体浓度大幅增加，才能通过模拟再现近百年全球气候变暖趋势；四是在地表一大气一海洋温度、水循环、冰冻圈及极端天气气候事件等方面的变化中，越来越多地分辨出人类活动的影响。任何目前已知的自然因素都无法解释当今全球变暖的基本特征和规律。无论是采用严格的统计分析，还是利用气候模式模拟作为分析手段，近百年全球增暖趋势都不可能归因于已知的其他任何一种自然因子作用，尤其是 20 世纪 70 年代末以来的气候增暖。近 30 年对太阳辐射的卫星观测表明，太阳活动没有发生明显的趋势性变化，而且太阳活动的自然变化对全球变暖的贡献还不到温室气体作用的1/10。强烈的火山爆发虽然会对地球大气起到降温作用，但这种事件出现频率低、影响时间短。

全世界12个主要气候模式的预估结果表明，到2100年，在温室气体低排放情景、中排放情景、高排放情景这3种情况下，全球平均地表温度将可能分别上升1.3℃、2℃、4.3℃。此外，根据气候模式预估，在低、中、高排放情景下，21世纪末中国年平均温度将比20世纪后20年的年平均温度分别增加约2.5℃、3.8℃、4.6℃，比全球平均温度增幅大[9]。

三、气候变暖改变世界

正所谓“天时地利人和”，气候变化已经、正在且将继续改变历史和人类社会进程。明清时期，“明清小冰期”曾在明末带来旱灾，带来蝗灾和饥荒，人民揭竿而起，最终让崇祯皇帝吊死在煤山上；也曾带来“道光萧条”，水灾等自然灾害连年不断，国力遽然直下。而两次小冰期之间的风调雨顺，也曾带来乾隆盛世。

与农业社会“民以食为天”不同的是，工业革命减少了人类对自然条件的依赖。因此，与道光同一时期的英国，不仅没有衰落，而且还因工业革命走向繁荣。工业化的普及和深入，使得这种挣脱自然束缚的过程一直在进行中。

但人类终究难以摆脱自然条件的约束。气候变暖正在改变世界。由气候变暖引发了诸如极端气候、酸雨、臭氧层破坏、温室效应、冰川消融、海平面上升、荒漠化和严重干旱等全球性环境问题。随着人口不断增加和工业化、现代化、城市化进程的进一步推进，能源、农产品、土地和水等资源的消耗量急剧增长，致使约8.5亿人生活在贫困之中，约23亿人生活在缺水地区，许多物种面临灭绝。所有这些以全球变暖为主要特征、重大变化着的全球气候与生态环境问题，已对全人类生存、社会、经济可持续发展构成了严重威胁。

受气候变暖和人口膨胀因素的影响，冰川融化已成为全球性现象。据2009年8月份CCTV报道，受气候变暖影响，珠穆朗玛峰顶峰已下降1.3米。近年来因冰川融化，祁连山冰川比20世纪70年代减少约10亿立方米，冰川局部地区的雪线正以年均2~2.6米的速度上升，冰川缩减正危及河西走廊。位于四川省阿坝自治州的四姑娘山和达古冰川，曾经终年积雪，但近年来，夏天时节的达古冰山上的冰雪大量融化，四姑娘山的冰雪也有很多融化，旁边稍矮的大姑娘山，冰雪甚至全部融化。冰川融化后，原来的山体、岩石不断裸露，增加了山体滑坡、泥石流等自然灾害发生的频率。同时，冰川作为地球淡水的蓄水池，一旦融化，还将导致一些地方饮水困难。考虑干旱等极端天气频率增加、海平面会上升、海水倒灌淡水水体等因素，淡水水系可能是受全球气候变化威胁最严重也最容易被忽视的领域。

冰川融化可能导致全球运输格局和资源格局发生改变。全球变暖正慢慢改变北极地理状况，冰层融化让新的航运线路浮现。西北通道是经加拿大北冰洋连接大西洋和太平洋的水路，如果冰层融化，它将成为连接大西洋和太平洋的主要海运通道。亚洲前往欧洲的航线因此大为缩短。同时，北极地区还有大量矿藏、石油等资源，一旦冰川融化，也具有开采的可能性和可行性。这些都导致许多国家纷纷开始争夺北极地区主权。

与冰川融化相似的是冻土退化。中国科学家研究发现，中国东北冻土区因受气候变暖和人为活动影响，近几十年来冻土退化显著，尤其以大小兴安岭地区最为明显，主要表现在多年冻土上限下降、温度升高、厚度减薄、融区扩大；多年冻土岛消失及多年冻土南界北移等方面。气温升高是大小兴安岭地区多年冻土区域性退化的主要原因之一。IPCC 第三次评估报告指出，过去 100 年来，东北地区温度升高了 1.7℃，黑龙江地处中高纬度，气候变暖非常明显，近 120 年来年均气温上升 1.4℃；冬春季升幅最大为 1.8℃，近 30 年较 19 世纪末至 20 世纪初的 30 年平均气温上升 1.4℃[92]。冻土退化，使地表植物可利用水分大为减少，不仅导致短根系植物枯死、生物多样性种群变异、植物退化、荒漠化趋势增强、可利用草地面积减少等生态环境问题，而且还可能引发融冻泥流等地质灾害，威胁交通安全。

与冰川融化可能导致缺水相似的是，总的来说，气候变暖会增加干旱。2007 年，巴西国家空间研究所气象学家若泽·安东尼奥·马朗戈（Jose Antonio Marengo）研究指出，如果任由全球变暖发展，亚马逊地区的降雨会减少，同时气温升高。如果不对气候变化采取任何行动，在 2100 年气温将升高 5~8 度，降雨减少 15%~20%。这将使亚马逊雨林变成热带草原。如果控制污染排放并减少森林砍伐，气温在 2100 年时会升高 5 摄氏度。这种情况下，雨林不会全部消失。亚马逊雨林面积超过 160 万平方英里，占巴西总面积的 60%以上。绝大部分亚马逊雨林尚未被勘查过。亚马逊雨林拥有世界 1/5 的淡水，并拥有世界上约 30%的植物和动物物种[93]。

2009 年，美国国家大气研究中心的华人科学家戴爱国等人发现，20 世纪 70 年代，全球严重干旱地区占陆地面积的 10%至 15%，而到 2002 年已达约 30%，这一增长的一半可归因于气温升高而不是降水量下降，实际上同期全球平均降水量还略有增长。他们发现，由于全球气温升高，地表水分加速向空中蒸发，即使降雨量有所增加，多数地区也会出现干旱。

全球变暖还使极端天气事件增多，进而增加自然灾害。这种极端天气，一是与水有关。联合国政府间气候变化专业委员会所作的四次评价报告均表明，全球气候变化的影响主要表现在温度变化、降水变化、海平面变化和蒸散发变化四个方面。这些变化都与水资源直接相关。如降水变化改变了水资源的时空分布规律，导致洪涝灾害更加频发；气温、降水和蒸散发的改变影响了干旱的区域范围和程度；海平面上升导致海岸线淹没，对河口地区造成较大影响等[94]。二是与气温变化有关。研究发现，由于全球气候变暖导致大气含水量增加、地球南北经向性环流更加活跃、全球区域性升温频率不同等原因，全球变暖既可能导致气温升高，也可能造成气温下降，而且波幅较大。结果是极端天气事件明显增多。美国国家航空航天局在一份声明中指出，2011 年全球地表平均温度较 20 世纪中叶的基准温度偏高 0.51℃，为 1880 年以来第九热的年份；迄今为止，全球最热十年中，除 1998 年以外，其余 9 年都出现在 2000 年以后。另据美国海洋大气局的监测结果，2011 年与 1997 年并列为 1880 年以来的第 11 个最暖年份。2011 年是所有“拉尼娜”年（“拉尼娜”指发生在赤道附近、太平洋东部和中部海水大范围持续异常变冷的现象，表现为海水表层温度低出气候平均值 0.5 以上，且持续时间超过 6 个月以上。在“拉尼娜”年全球地表平均温度相对较低）中最暖的一年。尽管这两个机构所使用的资料和计算方法有所不同，但一致认为 2011 年是有记录以来最暖年份之一。科学家因此认为，在全球变暖的大背景下，出现寒潮等极端天气属正常情况。以后，类似寒潮等极端天气，未来可能还会继续增加。在美国，过去 30 年来飓风的发生频率越来越高，期间也是人类工业化活动最为严重的 30 年[95]。

上述气温变化显示了全球气候变暖问题的复杂性。如果全球温度升高是均匀的，那么南极海区范围内的海冰应以面积减少为趋势，但事实并非如此。有证据表明，自 20 世纪 80 年代后期到 90 年代初，南极海冰面积呈逐渐增多趋势，90 年代左右东太平洋进入一个凤尾鱼丰富的低温阶段。2012 年 9 月下旬，美国的卫星数据显示南极洲周围的海冰区域达到了有史以来最大的范围。根据美国冰雪数据中心在10月公布的数据，南极海冰区域面积为751万平方英里，约为1944万平方公里，且呈现缓慢增长趋势，增速约为1%。科学家推断，其原因在于南极比世界其他地方更冷，其升温机制与世界上其他地方不同。所有在全球变暖的大环境下与寒冷的南极之间对比就会发现，两者差别会越来越大。大气温度的增加速率不同也会导致南极周围的气压差较大，风力也会有所增加。南极海冰面积的增加并不会对海平面上升或降低构成影响，因为海冰已经漂浮在海洋上，冻结了的海水不会改变该海区的海平面变化情况[96]。全球气候变暖并非简单的全球步调一致。

气候变暖带来海平面上升。气温上升导致陆地冰川融化尤其南北两极冰山融化、海水变暖，灾难性后果之一便是海平面上升。2011年，美国宾夕法尼亚大学和耶鲁大学等机构的研究人员发表在《国家科学院学报》的论文指出，自19世纪末以来，全球海平面年均上升2毫米，升幅为过去2100年之最。这项研究还首次给出了过去2100年的海平面上升数据：公元前100年到公元1000年间，海平面相对稳定；从11世纪开始后的400年间，即“中世纪气候异常期”，或称“中世纪暖期”，海平面年均上升0.6毫米；从15世纪初开始直至19世纪末，全球气候进入一个寒冷时期，通常称为“小冰期”，海平面相对稳定；自19世纪末以来，海平面年均上升超过2毫米[97]。

海洋面积占地球面积的71%，海平面上升对地球环境进而对人类生活具有重大影响。这些影响包括低地被淹、海岸被冲蚀、地表水和地下水盐分增加、地下水位升高、海岸和海岛沉沦，等等。全球有超过一半的人口居住在沿海地区。如果极地冰冠融化，经济发达、人口稠密的沿海地区会被海水吞没，马尔代夫、塞舌尔等低洼岛国将从地面上消失，上海、威尼斯、香港、里约热内卢、东京、曼谷、纽约等海滨大城市以及孟加拉、荷兰、埃及等国也将难逃厄运。与此同时，沿海地区的产业发展尤其旅游业也会受到冲击。

气候变暖正在改变生态系统。现有的动植物和生态系统以温度稳定为前提。如果二氧化碳上升趋势继续下去，随之而来的平均温度比起50年代至少上升3度。目前整个地球的平均气温约为15度，上升3度就是平均气温上升20%。如果全球平均气温升高3度，地球上现有动植物的生存、繁育，物种间互为依存、制约的平衡关系将会被打破；某些动植物会消失，整体自然环境将发生改变，这些改变无疑将影响到人类的生存发展[98]。

气候是决定生物群落分布的主要因素，气候变化能改变不同物种的适应性及生态系统内部不同种群的竞争力。自然界的动植物，尤其是植物群落，可能因无法适应全球变暖的速度而做适应性转移，从而惨遭厄运。历史上，冰期等气候变化曾使恐龙等许多物种消失，未来的气候变化同样将使一些物种面临盛衰之变，一些物种会消失，一些物种则受益，从而扩张自己的栖息地，面临的竞争对手和天敌也可能减少。

一些种群的消失或者迁移可能带来生物多样性丧失。随着天气变暖，动植物会不断地往山峰高处迁涉。随着动植物大规模迁移，原有的生态环境会受到严重破坏。以蝶螈为例，随着温度上升，蝶螈被迫向凉爽的山顶迁移，而原来生活在山顶上的动物受到遗传压力，却无处可逃，因而导致生物带断裂。在加拿大北部，北移的瓢虫和杉树虫已经吃掉许多绿叶，对许多植物造成破坏。橡树、朴树等许多树木也在发生北移。气候变暖正在进一步压缩中国大熊猫的生存空间。在北极，由于冰面逐渐减少、人类猎杀以及有毒物质影响，自然界中并无天敌的北极熊正在濒临灭绝，已被联合国认定为濒危动物。气候变暖也带来海洋物种迁移。原先生活在东海外海暖水水域和南中国海一带的许多鱼类，已出现在上海附近海域。

受全球变暖影响，海洋、湖泊的对流变得更为强烈，将底部微生物推向水面，也对生态系统带来了严重破坏，致病菌和致病源也越来越猖獗。随着气候变暖，蝌蚪会受到更多病菌的侵害。包括一些在南美洲的蟾蜍，其排卵也受真菌侵袭。而原来生活在巴拿马中部的两种青蛙，也因真菌侵害而灭绝。

全球气候变暖导致粮食生产的稳定性和分布状况发生很大的变化。一年中温度和降水的分布是决定种植何种作物的主要因素，温度及其引起降水的变化将影响到粮食作物的产量和作物的分布类型。气候变化曾经导致生物带和生物群落空间（纬度）分布发生重大变化。如公元800—1200年北大西洋地区的平均温度比现在高1℃，使玉米在挪威种植成为可能，但到公元1500—1800年，西欧出现小冰川期，平均气温也只比现在低1℃~2℃，就造成挪威一半农场弃耕，冰岛的农耕活动几乎全部停止⑲。

全球气候变暖也对人类健康形成威胁。人类健康取决于良好的生态环境，全球气候变暖正成为影响人类健康的重要因素。极端高温对人类健康的困扰变得更加频繁和普遍，主要体现为发病率和死亡率增加，尤其是疟疾、淋巴腺丝虫病、血吸虫病、钩虫病、霍乱、脑膜炎、黑热病、登革热等传染病将更加危及热带地区和国家，某些目前主要发生在热带地区的疾病可能随着气候变暖向中纬度地区传播。

“祸兮福之所倚，福兮祸之所伏”。全球气候变暖只是全球气候变化的大趋势和大格局，并不排除突变和个别的情况。在整个地球演化史上，有过远比现在还温暖的气候，比如在白垩纪，温室气体远比现在高，高达5倍，其造就的气候与生态环境也并不坏，水草繁茂，巨大恐龙横行。历史眼光可以让我们消除过多的担忧。

全球气候变暖并非一无是处。对许多气候干燥的内陆国家而言，全球气候变暖还有诸多好处：首先，气候变暖将使大气水汽增多，给内陆带来更多雨水。在北非、中亚和中国西北地区，气候正变得湿润起来。非洲的撒哈拉大沙漠将会缩小，原来草木稀疏的中国戈壁滩，近年来由于雨水增加，正在变得绿草如茵。中国西北地区气候将由暖干性转变为暖湿性，塞上江南可能因此出现。这些地方将变得更适宜人居。

其次，气候变暖将使全球的植被更加繁茂。森林扩大，草原更绿，树木生长更快。据统计，美国加州地区近年来森林大火发生率超过了历史任何时期，美国政府在头痛的同时，发现山火频仍的一个重要原因是山上的植物生长太茂盛了，等到冬季来临，干燥的季风一吹极易引发大火。中国森林覆盖率近年来也以快速增长，其中有人为因素，老天帮忙更是重要原因。

再次，气候变暖使作物生长更加高产。随着“暖冬”持续发生，地面积温上升，越冬农作物区域普通北移，作物分蘖良好，产量随之普遍增加。近十几年来，全球作物产量持续增加，气候变暖，自然灾害减少，雨水丰沛是决定性因素。美国、印度、中国等世界重要产粮区五谷丰登，保证了全球饥饿人数大幅下降。作物丰收、牧草丰产，使各种牲畜数量大幅增加，像澳大利亚、新西兰等“羊背上的国家”竟打算对牛羊征收“屁税”，原因是反刍动物释放出大量甲烷（屁）污染空气。最后，全球气候变暖导致人类减少能源使用，可减少温室气体排放。

此外，随着温度升高，副极地地区也许将更适合人类居住；在适当条件下，较高的二氧化碳浓度能够促进光合作用，从而使植物具有更高的固碳速率，导致植物生长增加，存在二氧化碳增产效应。这些都是全球气候变暖的正面影响。

总的来看，全球气候变暖的影响很复杂，既有正面的，也有负面的。但与正面影响相比，全球变暖对人类活动的负面影响将更为巨大和深远。

四、拯救、自保与适应

随着气候变暖的表现日益明显，引起的自然灾难日益激烈，拯救全球气候的话题也随之提出。

拯救全球气候的关键在于减少温室气体排放。1997 年 12 月，在日本京都召开的《联合国气候变化框架公约》缔约方第三次会议，通过作为《公约》重要补充的《京都议定书》（Kyoto Protocol，全称《联合国气候变化框架公约的京都议定书》），以限制发达国家温室气体排放。这是人类历史上首次以法规形式限制温室气体排放。

《京都议定书》规定，2008—2012 年，所有发达国家要将二氧化碳、甲烷等 6 种温室气体排放量比 1990 年削减 5.2%，其中，欧盟削减 8%、美国削减 7%、日本和加拿大各削减 6%。发达国家可采取三种"境外减排"机制履行减排义务：一是联合履约（JI），即发达国家间通过项目合作，转让其减排单位（EUR）；二是清洁发展机制（CDM），允许《京都议定书》附件 1 的缔约方（发达国家）与非缔约方（发展中国家）联合开展项目合作，实现"经核证的减排量"（CER），降低减排成本；三是排放贸易（ET），发达国家将其超额完成的减排义务指标，以贸易（而不是项目合作）方式直接转让给其他未能完成减排义务的发达国家。《京都议定书》对发展中国家没有提出减排要求。

《京都议定书》在 2005 年 2 月 16 日正式生效后，上述三种交易机制催生出一个全球新兴市场——碳交易（即温室气体排放权交易）市场。虽然

《京都议定书》只规定了发达国家的减排责任，没有规定发展中国家的减排义务，但发达国家与发展中国家的能源利用效率、能源结构乃至减排成本存在巨大差异，前者的减排成本要比后者高 5~20 倍，单靠自身减排能力难以完成目标。为此，清洁发展机制（CDM）通过发达国家向发展中国家购买减排额度降低自身减排成本，为发达国家提供了灵活的履约机制，并促使发展中国家减排。这种交易安排就带来了碳交易市场的形成。

碳交易促进碳减排，必然带来微观经济领域的成本和收益变化。面对这种变化，政府利用税收作为调控手段势在必然。具体而言，碳减排政策则可分为国内和国际两个层面。国内层面的主要税收手段是能源/CO_2 税。能源/CO_2 税具有减少能源消费和温室气体排放的作用，被许多发达国家作为减少温室气体排放的重要措施。国际层面主要是确定将二氧化碳浓度控制在某个危险水平以下所允许的全球最大碳排放量，然后按照某种规则在国家和地区间分配碳排放权。《京都议定书》就是如此。“碳关税”则是国际层面政策的衍生物，它是对进口的高耗能、排放密集型产品特别征收的二氧化碳排放关税。

除了能源/ CO_2 税、碳交易，发达国家在减少温室气体排放方面采取的主要措施还包括自愿协议、可再生能源或热电联产生产配额、能源效率标准、对可再生能源等的直接资金鼓励（如优惠费率、赠款、免税措施等）。从供应端来说，主要包括对与可再生能源生产或热电联产相关的各种税收，如生产税、固定资产税、增值税、进口关税等的优惠或减免。

具体到各个领域，减排的关键在于节能和使用清洁能源。其中，工业部门是最主要的能耗领域，节能潜力最大。在全社会电能消耗中，有 70% 左右的耗费在工业领域，而工业电机耗电量又占整个工业领域用电的 70%。通过对工业电机进行节能改造，可大幅降低全社会能耗。此外，余热利用、智能电网也是工业节能的重要途径。

交通运输领域是温室气体排放的主要部门之一。为降低温室气体排放，各国采用的主要措施包括：一是降低用油标准。以华盛顿地区为例，汽油大致可分为三类：普通类、高级类和超级类，各级相差在30美分左右。二是更换车型。大力推广新能源汽车，更换绿色环保的车型。三是更换交通工具，提倡绿色出行。节能环保的步行、自行车系统有充分优先权，优先发展城市公共交通。荷兰阿姆斯特丹和丹麦首都哥本哈根都是全球著名的自行车之城。四是交通结构模式低能耗。在欧洲部分城市，一直是慢行交通为主，自行车车道和行人道路设施都极其完善，形成低能耗的交通结构模式。

在建筑领域，能源流失大多是通过保温隔热性能差的外墙、屋顶、窗户进行的，因此使用环保节能的建筑材料是建筑节能的首要工作。这些材料包括Low-E镀膜玻璃等。此外，通过建筑智能化和合同能源管理等建筑节能服务，提高能源利用效率。

清洁能源是不排放污染物的能源，包括核能和可再生能源。可再生能源是指原材料可以再生的能源，如水力发电、风力发电、太阳能、生物能(沼气)、海潮能这些能源。可再生能源不存在能源耗竭的可能，因此日益受到许多国家的重视，尤其是能源短缺的国家。英国石油公司（BP）发布的2012年《BP世界能源统计年鉴》显示，2011年全球可再生能源发电增长超过了平均水平，达到17.7%，连续8年呈两位数增长。再生能源发电量占当年全球发电总量的3.8%。其中风能发电量增长了25.8%，首次超过当年可再生能源发电总量的50%，美国和中国是风力发电增长的主要贡献者。太阳能由于基数较小，增幅达86.3%[100]。2012年9月，世界经济论坛与HIS剑桥能源研究协会联合发布的《2012年最新能源展望报告》指出，目前已有100多个国家制定了可再生能源发展目标，新能源产业增长能将气候、能源和金融领域的危机转变为全新的可持续增长机遇，为世界经济发展提供新动力。

通过分布式光伏发电开发用户端电力市场，是国际清洁能源发展新动向。近年来，全球光伏发电产业发展迅速，成为新能源发展的最亮点。2000年全球光伏发电容量仅为146万千瓦，到2011年底已增至6740万千瓦，年均增长率达到50%以上，其中欧洲国家的光伏发电市场占75%以上。特别是德国的太阳能光伏发电容量已达2470万千瓦，光伏发电量已占到其总发电量的3%，为全球光伏发电发展起到了重要的示范作用[101]。许多国际机构研究认为，太阳能将是未来能源供应主体，预计到本世纪末，太阳能将占到全部能源消费的50%以上。

太阳能资源的主要特点是分布广泛，有太阳照耀的地方就有太阳能资源。太阳能光伏发电的优势是分布式应用，是以与用户用电相结合的方式安装光伏系统，低电压接入配电网，实现就近开发就近利用。与集中式光伏发电相区别的分布式光伏发电因此应运而生。分布式光伏发电是指位于用户附近，所发电能就地利用，以10千伏及以下电压等级接入电网，且单个并网点总装机容量不超过6兆瓦的光伏发电项目。它充分利用太阳能广泛存在的特点，将各个用户获得的光伏发电，分散接入低压配电网，允许富余电力上网，具有容量小、电压等级低、接近负荷、对电网影响小等特点，免去大型电站因为电网集中接入和长距离输送存在的并网难问题，有利于光伏发电快速大规模应用。目前，这种光伏发电用电模式已在欧美国家得到广泛普及。

在全球变暖形势越来越严峻的情况下，新的抑制气候变暖的措施也在不断涌现。2012年1月，一个由多国科学家组成的科研小组发表报告称，他们发现，减少导致全球变暖的另外两种物质——煤烟和甲烷的排放，能在短时间内迅速阻止全球变暖。减少煤烟排放还对人类健康、减少自然灾害发生频率大有裨益，每年至少能够挽救70万条生命，并缓解欧洲南部和非洲部分地区的干旱状况，减轻亚洲部分地区因强烈季风导致的自然灾害[102]。

拯救全球气候的话题毕竟太大，需要全球各国政府的协作与配合。因此，一些可能面临气候变暖所致灾难的国家，想到的就是当气候变暖所致灾难来临，比如海平面升高，或者海潮加剧的时候，如何能够自保。

比如，身处英伦三岛的英国人加高了防洪堤坝，以应对海平面上升、暴风雨频率增加。据英国官方公布的统计数据，在过去 20 年中，由于泰晤士河水位随全球变暖而升高，当地政府机构不得不先后 88 次加高防洪堤坝，以保障伦敦人的生命财产安全。人们现在平均每年 4 次加高其堤坝。据估计，在 2030 年以前，其加高堤坝的频率会达到每年 30 次。

马尔代夫人将兴建人工岛和防波堤工程视为“生命线”，以应对海平面上升。人工岛呼鲁马累（Hulhumale）就是一个样板工程。呼鲁马累岛呈长方形，和首都马累一样大，在珊瑚礁基础上挖沙填海堆砌而成，海拔 3 米高，为马累岛平均高度的两倍。其兴建原是为纾缓人满之患，因为首都马累岛人口超过 10 万，异常挤迫。呼鲁马累兴建后并不为人看好，但随着海平面上升，却成为马尔代夫人的新挪亚方舟，因为其高度应可避过上升水位，不至于因为海平面上升而举国移民。

马尔代夫人并非全球气候变暖的幕后推手，却是地球村上最早一批承受恶果的“村民”。有“人间天堂”之誉的马尔代夫坐落于印度洋，是世界上最大的珊瑚岛国。由 26 组珊瑚环礁、1192 个珊瑚岛屿组成，其中 195 个有人居住。如同 Maldives（由梵文 Malodheep 演变而来）寓意花环一样，马尔代夫 1192 个珊瑚岛屿散落在蔚蓝的印度洋上，如同花环一般七彩缤纷。马尔代夫地势低平，一般为 1.2~1.5 米，最高点维林吉利岛，海拔仅 2.4 米，在海平面上升的威胁中首当其冲。联合国政府间气候变化专门委员会指出，1961 年以来全球海面平均每年上升 1.8 毫米，由于热膨胀、冰川、冰帽和极地冰盖的融化，1993 年以来加速到 3.1 毫米，如此一来最快 100

年内海面上升将淹没整个马尔代夫。

全球气候变暖已给马尔代夫人民生活带来巨大灾难。历史上，马尔代夫没有海啸，也没有热带风暴，但2004年的南亚海啸让马尔代夫人第一次集体感受到海面上升对生命的威胁。在那次海啸中，海水变成了1米多甚至高达4米的浪潮，整个倒灌进首都马累的大街小巷，仿佛世界末日。由于海面高度不停变化，马尔代夫海岛时隐时现，自古视为理所当然。但近年来，由于气候变化，即将淹没的岛已成批出现。马尔代夫的30万人口中，10多万人聚居在马累，其余则分散居住在194个岛屿中，而政府2009年的统计数据显示，其中164个遭到大海严重侵蚀。气候变暖还导致鱼群比以往潜得更深，捕鱼变得更加艰难。渔业占马尔代夫GDP的4%~6%，全国渔船有1200多艘，1.5万名渔民和他们的家人靠捕鱼维生。

人类对全球气候变暖进行选择性适应也很重要。历史上，气候变化一直存在，但人类和动植物会慢慢适应。现在的全球气候变暖也一样。丹麦著名环境学者波恩·伦伯格（Bjorn Lomborg）就提出，海平面上升和大部分健康问题都不足为奇。较大的影响在于农业和旅游业。全球气候变暖的大部分损失可以通过人民根据其所处环境进行适应性选择而避免，农民可以选种耐高温植物，房子可以设计成高温友好型。主动适应会使气候变化造成的损失由GDP的5%降至不到3%，虽然仍然严重。研究表明，适应会比减排好得多，一个不摧毁经济成长的减排规模可以减少约3万亿美元损失，而适应却能避免8万亿美元损失。在适应上每花1美元，可以为地区带来1.7美元的收益[103]。如何在适应与减排之间合理权衡是摆在全人类乃至各个国家之间的新课题。

五、对中国带来的挑战

中国是一个发展中国家，实现经济和社会发展、消除贫困是首要和压倒一切的优先事项。改革开放以来，中国基本实现了以能源消费翻一番，支撑经济总量翻两番的目标。在取得突出成绩的同时，中国能源发展也面临一些深层次的矛盾和问题。在未来相当长时期内，中国经济仍将保持快速增长，人民生活水平必将有较大幅度提高，能源需求和二氧化碳排放量不可避免地还将增长，由此产生的二氧化碳等温室气体排放也不可避免将有较大增长。作为温室气体排放大国的形象更加突出，无疑将对中国社会经济发展带来严峻挑战。

转变经济发展方式是应对全球气候变化的根本措施。现有消费和生产模式不可持续。自然资源是国民经济发展的基础，资源丰度和组合状况，在很大程度上决定着一国产业结构和经济优势。中国人口基数大，发展起点低，面临着继续完成工业化和城市化的长期发展任务，人均资源短缺是中国经济发展的长期制约因素。传统的消费和生产模式是一种资源耗竭型、不可持续的消费和生产模式，这种模式已对中国社会经济发展构成巨大挑战。

能源结构是与产业结构相适应的。中国目前的产业结构由工业尤其重化工业主导。2012 年，第一产业、第二产业和第三产业增加值占 GDP 的比重分别为 10.09%、45.31%和 44.6%，第二产业仍占主导地位。其中，重化工业又占工业比重的 70%。这种产业结构反映在电力结构上，就是第二产业尤其重工业用电量处于绝对主导地位。根据中国电监会发布的数据，2012年第一产业用电量1013亿千瓦时，第二产业用电量36669亿千瓦时，第三产业和城乡居民生活用电量分别为5690亿千瓦时、6219亿千瓦时。全社会和产业用电量分别为49591亿千瓦时、43372亿千瓦时，第二产业用电量在全社会和产业用电量所占比重分别为73.94%和84.54%；全国工业用电量36061亿千瓦时，其中，轻、重工业用电量分别为6083亿千瓦时和29978亿千瓦时，占工业用电量比重分别为16.87%和83.13%。

以重工业为主的产业结构，还使得货运能耗所占比重较大，给交通节能带来很大压力。调整产业结构、减少货物周转量是降低货运能耗的根本途径。据测算，产业结构中第二产业每降低一个百分点，同时第三产业每增加一个百分点，就可降低2.1%的交通能耗[104]。大力发展低耗能的第三产业和高新技术产业，用高新技术和先进实用技术改造传统产业，减少对重化工业的过度依赖，实现经济结构转型，是应对全球气候变化的根本措施。

大力发展新能源，优化能源结构。中国能源结构以煤炭为主体，清洁能源比重偏低。煤炭消费占能源消费总量的比例长期以来居高不下，维持在70%左右，远高于国际平均水平。同石油、天然气相比，单位热量燃煤引起的二氧化碳排放比使用石油、天然气分别高出36%和61%左右。同时，由于资源地域分布不匀，中国煤炭总体上呈北煤南运的格局，大量煤炭需要铁路运输，加剧铁路运力紧张。电力结构也呈现出以煤为主的特征，中国煤炭一半以上用于发电，大约78%的电力装机是以煤为燃料的火电机组。而发电量的84%来自煤电，电力对煤炭的依存度很高，矛盾也比较突出。更为严峻的是煤炭大量开采和消耗，带来生态环境破坏和水资源污染，加大了应对全球气候变化的压力。短期内，尽管煤炭、石油、天然气等传统能源仍是中国能源供应的主力军，但从长远看，低碳的能源结构才是发展趋势。

2000 年以来，新能源发展在中国日益受到重视。2009 年，中央经济工作会议强调，水能、核能、太阳能、风能等新型的低碳能源是中国能源未来的发展方向。2010 年 10 月，新能源被列入国家战略性新兴产业。通过大力提高水电开发规模和质量，大力发展核电、风电、太阳能等清洁可再生能源，2012 年，在中国能源消费中，天然气、水电、风电、核电四种能源方式合计，占全部能源消费的比重是 14.5%，比 2011 年提高 1.5 个百分点[105]。而早在 2008 年，中国就成为世界第一大太阳能光伏电池产品生产国；太阳能热水器使用量也占世界总使用量的 60%以上。

在未来发展中，中国将进一步采取有效措施，优化能源消费结构。主要措施包括：大力发展清洁能源，优化一次能源结构；推广分布式光伏发电，发展光伏发电；提高电能在终端消费中的比重，优化二次能源结构。电能是最清洁、高效、便捷及优质的二次能源。如果电力消费占总能源消费的比重每上升 1 个百分点，全社会能源效率就会提高 4 个百分点。大力发展洁净煤技术（Clean Coal Technology，简称 CCT），通过煤炭的气化、液化、煤炭高效燃烧与发电技术，减少煤炭加工、燃烧和转换过程中的污染和提高效率。

在清洁能源开发方面，多种能源综合利用的智能微电网可能是未来发展的一个主要方向。基于中国光伏产业的需求困境，以及国际上分布式光伏发电的发展态势，分布式光伏发电可能成为中国清洁能源利用的重要方向。2012 年 2 月 27 日，国家电网公司发布《关于做好分布式电源并网服务工作的意见》，将分布式能源并网服务的范围扩大到太阳能、天然气、生物质能、风能、地热能、海洋能、资源综合利用发电等类型，并支持余电上网，扫清了分布式能源并网的障碍，也打消了市场对国网能否牺牲自身利益支持分布式能源发展的疑虑。这是中国分布式能源发展中有里程碑意义的事件。国家可能出台相关补贴政策，大规模发展分布式光伏和风电。

提高能源利用效率。从历史发展来看，能源利用效率改善取得显著成绩。改革开放以来，中国能源强度从1978年的15.68吨标准煤/万元下降到2008年的4.83吨标准煤/万元（按1978年不变价计算），降幅达到69%。同期，中国工业能源强度降幅约为75%。与其他国家同一经济发展阶段相比，中国在提高能源利用效率上取得的成绩非常突出。尽管如此，与国际水平相比，中国能源利用效率总体不高。据国际能源署的统计，2007年中国单位GDP能耗为0.82吨标准油/千美元（按2000年不变价计算），而世界平均水平是0.30吨标准油/千美元，美国和日本分别是0.20吨标准油/千美元和0.10吨标准油/千美元。

但与此同时，中国经济发展却在增加能源利用效率进一步提高的压力。世界各国的发展历史和趋势表明，人均能源消费和经济发达水平有明显相关关系，可以说，在目前技术水平和消费方式下，达到工业化国家的发展水平意味着人均能源消费必然达到较高水平。世界上目前尚没有既有较高人均GDP水平又能保持很低人均能源消费和排放水平的先例，中国面临开创可持续消费和生产新模式的挑战。工业化、城镇化继续推进，也在加大节能减排压力。

工业节能是节能的最重要环节。在中国，工业能耗占据全社会总能耗的67%、建筑能耗占24%、交通运输能耗占7%，三者合计占据全社会总能耗的98%左右。电机节能是其中的重中之重。国家发改委提供的资料显示，目前电机用电量平均占世界总用电量的40%以上，占工业用电量的60%以上。在中国，近年电机年新增容量达1.5亿千瓦，总容量超7亿千瓦。2010年中国电机消耗电能约2.2万亿千瓦时，占全国用电总量的60%，工业用电量的80%。相对欧美市场上均为高效或超高效节能电机，中国电机基本为普通电机，高效节能电机市场份额不足3%，电机系统整体运营效率比发达国家要低20%左右。只要把每年新增的电机及拖动系统更换成高效节能电机，每年就可节电超1000亿千瓦时——超过三峡电站全年的发电总量，还可减少二氧化碳排放近亿吨[109]。此外，通过结构调整、技术改造和加强管理，重点推进电力、煤炭、钢铁、有色金属、石化、化工、建材等高耗能行业节能，提高能源利用效率，也是工业节能的重要途径。

大力推行建筑节能。在中国，建筑能耗占总能耗的27%以上，而且还在以每年1个百分点的速度增加。建设部统计数字显示，中国每年城乡建设新建房屋建筑面积近20亿平方米，其中80%以上为高能耗建筑，单位建筑面积采暖能耗为发达国家的2~3倍；既有建筑近400亿平方米，95%以上是高能耗建筑。虽然中国新建建筑已经基本实现按节能标准设计，比例高达95.7%，但施工阶段执行节能设计标准的比例却仅为53.8%。严格实施节能50%的设计标准，开展低能耗建筑及可再生能源建筑的示范和推广，加快供热体制改革，加大既有建筑节能改造力度，是推行建筑节能的主要措施。

大力推行交通节能。目前，中国的交通运输结构以公路为主，客、货物运输量的93%与76%都分别由公路运输承担。从运输能力建设看，也主要向公路倾斜，中国公路里程已有400多万公里，而铁路只有9万多公里。与公路相比，铁路是能耗较低的运输方式。据测算，在货运方面，如果将铁路运输所占比重提高1%，相应地公路运输比重减少1%，就能实现能耗降低1.2%。然而，单位周转量能耗最多的航空和公路运输方式在中国交通领域的地位不断提升。大力推行交通节能，就是要大力发展轨道交通，限制汽车尤其私人小汽车数量的迅猛增长，充分发挥公共交通优势，大力倡导自行车出行、步行等绿色交通，形成低能耗、高效、便捷的交通运输体系；制定实施机动车燃油经济性标准及配套政策和制度，淘汰高耗能老旧汽车、机车和船舶，发展新能源汽车等高效和使用清洁能源的运输机具。

在商用和民用节能方面，提高用能设备能效标准，大力推行合同能源管理（energy management contracting ，EMC），鼓励使用高效节能家用电器、办公设备和照明系统，推广使用蓄冷、蓄热技术等节能降耗技术，实现电力用户电力智能化，都是提高能源利用效率的重要措施。

全球气候变化问题给中国带来巨大挑战的同时，也给中国带来新的发展机遇。第一，国际社会提出的减缓二氧化碳排放的政策和措施主要集中在提高能源利用效率，发展可再生能源。这不仅符合中国转变经济发展方式的需要，而且其直接结果也将在一定程度上促进高效能源技术和节能产品更迅速地向全球扩展和传播，有利于促进中国能源利用效率提高和能源结构优化。第二，有利于获得先进的节能与新能源技术。发达国家的减排压力势必促其在节能与新能源技术上的创新，加快中国能源结构调整步伐。第三，采取减缓温室气体排放的政策手段，有利于减少中国大气污染。在中国目前的大气污染物中，约75%来自燃料燃烧，是比较典型的煤烟型污染。用低碳燃料或无碳能源替代煤炭，提高能源利用效率，不仅是未来中国减缓二氧化碳排放的需要，也是中国保护环境和减少大气污染的需要。第四，积极开展全球气候变化领域的国际合作，有利于提高中国的国际地位。中国是温室气体排放大国，在履约活动中具有较强的国际合作优势。积极参与全球气候变化领域的国际活动，认真履行与中国经济发展水平相适应的义务，有利于树立中国保护全球气候的国际形象，扩大中国的国际影响，提高中国国际地位。同时通过开展国际合作，努力推动发达国家履行资金和技术转让承诺，可争取中国所需要的部分先进技术和资金。

六、气候变暖的投资选择

气候变暖的投资机会，主要体现在气候变暖对于区域气候的改变，通过节能和发展新能源减少温室气体排放减缓气候变暖，以及为了应对极端气候而加强水利建设几个方面。

1. 西部概念。伴随全球气候变暖，雨水增加，中国西北地区的干旱状态正在改变，有些戈壁滩已经绿草如茵。未来不排除有些草木稀少的戈壁滩会变成塞外江南。西北地区的农牧上市公司将因此受益。此外，雨水增加也降低了抗旱的难度，使得抗旱变得容易。

2. 工业节能。

(1) 节能电机。相对欧美市场上均为高效或超高效节能电机，中国电机基本为普通电机，高效节能电机市场份额不足3%，电机系统整体运营效率比发达国家要低20%左右。通过对工业电机进行节能改造，可以大幅降低全社会能耗。通过变频调速，改善交流电机的运行效率和使用高效电机，有效降低风机、水泵、空气压缩机等主要电机设备能耗、提高电机运行效率是电机节能的主要内容。

(2) 余热锅炉。在钢铁、水泥、化工等重点耗能产业，高温高压气体排放，造成能量大量流失。随着能源价格升高，余热余压利用的投资回报将被逐渐认可。此外，瓦斯发电和垃圾发电也受到政府鼓励。余热锅炉是其中的关键设备。

3. 建筑节能。建筑行业每年平均以20亿平方米左右速度发展，既有的

400多亿平方米的建筑当中，真正达到节能标准的却不到10%。现有房屋节能改造量巨大。随着未来中国建筑设计节能强制性标准出台和优惠政策激励，建筑节能产业市场将在各个层次被激活。其中，聚氨酯材料作为保温隔热材料，被广泛用于建筑物的屋顶、墙体、天花板、地板、门窗等等。

4. 新能源汽车。大力推广新能源汽车，是中国交通节能的重要方面。全球40%的石油、中国30%的石油被汽车消耗，25%的二氧化碳排放来自汽车。财政部、科技部、国家发改委、工信部四部委已经决定在北京、上海、重庆、长春、大连、杭州、济南、武汉、深圳、合肥、长沙、昆明、南昌13个城市开展节能与新能源汽车示范推广试点工作，鼓励试点城市在公交、出租、公务、环卫和邮政等公共服务领域推广使用节能与新能源汽车，最高每辆可获60万元的财政补助。但中国新能源汽车目前正进入瓶颈期，有待技术突破和基础设施完善。

5. 节能照明。目前中国照明总能耗约占全社会总能耗的12%，是实施节能减排的重点领域。节能减排的途径主要是通过新型低耗能照明材料对原有高耗能照明材料的替代，LED照明是未来的明确发展趋势。随着国家对半导体照明产品的鼓励政策进一步扩大和实施，中国的半导体照明产业将迎来前所未有的高速发展时代。

6. 新能源。风能、太阳能等新能源作为石油的可替代资源，虽然其投资机会可能出现一定程度波动，但在中国石油价格依赖性较大、原油继续高企的大背景下，新能源行业作为国家大力支持的新兴战略产业，必将得到中国政府更大的支持。

7. 水利建设。全球气候变暖带来的极端气候，多半与水有关。不论是旱涝还是飓风海啸，都在增加水利建设需求。

以上各项，投资者可以关注相关的上市公司。

表 10-1 重点关注股票之九（2012 年数据）

股票名称	股票代码	流通股/总股本（亿股）	每股收益（元）	每股资本公积金（元）	加权净资产收益率（%）	行业
蒙草抗旱	300355	0.34/1.37	1.13	3.06※	26.59	土木工程建筑业
合康变频	300048	2.45/3.38	0.40	2.51	9.22	电气机械及器材制造
华光股份	600475	2.56/2.56	0.30※	0.56	6.13※	通用设备制造业
烟台万华	600309	21.6/21.6	0.76※	0. 02※	22.38※	化学原料及化学制品制造业
建研集团	002398	0.51/2.03	0.95	3.54※	14.51	专业技术服务业
阳光电源	300274	1.41/3.23	0.24	3.78	4.26	电气机械和器材制造业
正泰电器	601877	10.1/10.1	1.26	1.88	24.16	电气机械和器材制造业
宝钛股份	600456	4.30/4.30	0.01	5.51	0.16	有色金属冶炼及压延加工业
海陆重工	002255	1.96/2.58	0.56	2.32	10.92	通用设备制造业
安徽水利	600502	3.35/3.35	0.77	0.38	20.15	土木工程建筑业

备注：见本书第二章章末表 2-1。

资料来源：作者自行整理。

第十一章
投资的其他关键词

冠盖满京华，斯人独憔悴。

——唐·杜甫《梦李白》

一、独立

冠盖满京华，斯人独憔悴。

——唐·杜甫《梦李白》

理性是投资者的重要特质。市场作为一种群众性行为的结果，往往是非理性甚至疯狂的。当市场疯狂的时候，冷静、理性的投资者站在市场的另一面，常常可以发现投资机会。

股票市场是个充满噪音的市场，出于各种利益的噪音无处不在。正如希腊神话中海妖塞壬（Siren）迷人的歌声一样，市场噪音往往让投资者感觉很美妙，充满诱惑。塞壬是河神埃克罗厄斯的女儿，是从他的血液中诞生的人首鱼身的美丽妖精。塞壬经常游荡在礁石和孤岛之间，施展歌喉使得过往的水手倾听失神，导致航船触礁沉没。同样，在那些充满煽动性的描述词语的感染下，投资者也往往倾听失神，做出错误的投资决定。海量信息的交叉并行，在让投资者更便捷获取信息的同时，也在增加筛选有价值信息的难度。如果一个投资人不能坚守自己既有的投资理念，而是盲目追逐热点，追涨杀跌，就会成为各种投资风格中的骑墙派，失去了自我特色和价值取向，最终在左冲右突中丧失方向，以亏损收场。

独立是理性的重要条件。人可以独处，但终究是群居动物。人在独处时和在群体中的行为具有很大不同。前者可能理性、冷静，而后者往往可能情绪化甚至狂热。那些独处时没有的快乐，在人潮中感受到了；那些孤身一人时不会有的举动，在人多势众、群情汹涌时不由自主地就做了，比如围攻和群殴。在群众中，人往往受到群众情绪的感染和驱使。而群众有时却是情绪化、不理性的。这种不理性，曾在法国社会心理学家勒庞（Gustare le bon）的《乌合之众》中有深刻的描述，也在行为金融学研究中得到深入论证。勒庞指出，大众心理积累的不是智能而是愚蠢；群体由于夸大自己的感情，因此只会被极端感情打动。而行为经济学的研究表明，人们厌恶不确定性或风险，但更厌恶损失。他们愿意避免损失而承担风险，努力使 regret（后悔）最小化，这种并不对称的风险偏好，使得他们更愿意跟随大众，也更可能铤而走险。

为避免受到市场情绪的影响，一些投资家选择了远离市场，特立独行，离群索居。投资大师沃伦·巴菲特（Warren Edward Buffett，1930—），就住在远离纽约的奥马哈（Omaha）。奥马哈是其出生地，在上世纪60年代成为联邦太平洋铁路的起点，进而发展成为一个移民城市。巴菲特曾说：“我认为奥马哈是一处更能使人心智健全的所在。我过去常常感到，当我返回纽约去工作时，那儿太多的刺激会使我终日心神不宁。只要你拥有常规量的肾上腺素，你就会对这些刺激产生不适。这样过一段时间可能导致疯狂的行为，想到这一点是很自然的。”[107]与巴菲特一样，著名国际投资家吉姆·罗杰斯（Jim.Rogers，1942—）也曾长期住在偏僻小城。

独立并不意味着投资者行为都是特立独行的，而是其行动基于独立的理性思考。身处众多投资者之中，面临向左向右的选择，投资者要成为唯一的独行者并不容易。更何况，股票市场在一定意义上还是群众性游戏，其走势最终取决于投资者行动力量的对比。因此在超过一个度之前，股票市场很可能在一个趋势中运行，这时趋势投资者的判断并不是错误的。关键在于是否过度，过度了就会发生逆转，而对此的正确判断无疑来自于长期的独立思考。

远离市场，不受市场浮躁气氛的干扰，投资者才能做到耐心。远离市场，才能不受市场情绪干扰，有点像旁观者那样理性地看待市场。有了理性，也才能做到遵守纪律。而遵守纪律意味着你在战胜恐慌、贪婪、希望和诱惑。

1986 年，巴菲特在伯克希尔公司年报中写道："恐惧和贪婪这两种传染性极强的灾难的偶尔爆发，会永远在投资界出现。这些流行病的发生时间难以预料。由它们引起的市场精神错乱，无论持续时间还是传染程度都同样难以预测。因此，我们永远无法预测任何一种灾难的降临或离去。我们的目标应是相当适度的：我们只是要在别人贪婪的时候恐惧，而在别人恐惧的时候贪婪。[108]"对投资者，这句话当像底拉克波希誓言之于医生一样，永远铭记。

二、市场

举世皆浊我独清，众人皆醉我独醒。

——战国楚·屈原《渔父》

认识市场是投资者的首要功课。市场是交易的场所，是交易者聚集、通过交易产生价格的地方。

价格和成交量是市场最重要的指标。价格由供求决定。但供求取决于政治、经济和社会多种因素，也受到投资者心理趋势的影响。因此所有价格走势既是政治、经济和社会多种因素共同作用的结果，又是投资大众心理趋势的曲折反映。

衡量价格高低的常见指标是市盈率（Price to Earning Ratio，简称 PE 或 P/E Ratio），也即在一个时期（通常为 12 个月的时间）内股票价格和每股收益的比例。影响股市整体市盈率水平的因素很多，其中一个重要因素就是不同国家（地区）市场利率水平。理论上，股市平均市盈率应为银行利率的倒数。比如，如果一年期银行存款利率为 5%，那么对应股市中的平均市盈率则为 1÷5%=20 倍，高于该市盈率的股票，就有泡沫风险。市盈率越低，意味着可能在越短时间内收回投入资金，因此以市盈率为衡量标准，就是市盈率越低的股票，买入价值越大。但在真实商业社会，一是上市公司面临复杂的商业环境和竞争压力，不同公司、不同行业、在不同经济周期均存在很大差异，公司未来收益存在很大不确定性，市盈率含义并不完全相同，其中存在公司、行业、市场、发展阶段甚至文化差异。二是市盈率还反映了市场评价，股票市盈率高低可能反映了市场对其前景看好或看淡，因此低市盈率往往也是低迷股票的特征。在这个意义上，市场整体市盈率反映了整个市场热度，如果市盈率高就是市场疯狂，市盈率低就是市场低迷，倒很可以作为进出市场的参考。

成交量是衡量市场人气的温度计，既是目前市场人气的结果，又是后期市场人气和价格走势的先兆。其变化反映投资欲望消长、市场人气聚散，以及多空双方交战规模和激烈程度。成交量是股价或指数涨跌的原动力。在多头市场，成交量持续放大，表示有新资金不断入市，价格上涨动力不断加强；在空头市场，成交量不断减小，表示资金不断离场，外围资金也处观望中，上涨动力丧失。在技术分析中，成交量作为价格先行指标，可以预示股价未来趋势变化，甚至成为行情反转的信号。大的成交量是市场趋势反转的先兆，不论这个大的成交量出现在顶部还是底部。因此，底部出现巨大成交量的股票常常为精明投资者所关注。这时，衡量成交量的指标往往不是绝对值，而是像换手率这样的相对值。

成交量还是衡量流动性（liquidity）的指标。流动性在宏观经济方面说的是货币供应量，而在交易方面，是指债券、股票乃至房地产等所有投资资产在不亏损条件下转换为现金的相对便利性和时效性。宏观上，流动性受制于市场规模和市场发育程度，还受到市场状况的影响，是判断市场质量的重要指标。对投资者，不良的流动性常常意味着现实或潜在风险。一般来说，牛市流动性比较高，熊市流动性就可能很低，因此在熊市或平衡市的流动性将直接影响投资效果。如果在弱市中选择没有成交量的“仙股”进行投资，到时无法卖出，那就只有憋死的份儿。又比如，转轨期的捷克证券市场非常狭小，既缺乏流动性，也缺乏透明度，结果往往是大股东被套牢，陷入极大风险。所以大资金不敢进入股本太小的公司，也不敢买入成交量太小的股票。

市场是投资者创造的。投资者是市场的主角，他们是人，又是群体中的人，因此易于受到群众情绪和思维的影响。投资者的期待、智能、恐惧、贪婪、乐观、悲观、侥幸等种种情绪都将综合反映在价格上，因此，正如投资家加菲尔德·德鲁（Garfield Drew）所说，股票价格所反映的“绝对不是它们本身的价值，而是人们认为它们所具有的价值[109]”。考察时期越短，股票价格受投资者情绪的影响越大，对真实价值的偏离程度就可能越大。如果考察期足够长，那么股票价格基本能够反映内在价值。这是本杰明·格雷厄姆（Benjamin Graham，1894—1976）、巴菲特等价值投资者强调长期投资的基本前提。

针对市场的情绪性、波动性和不稳定性，格雷厄姆的“市场先生”是个值得注意的形象比喻。格雷厄姆是巴菲特的老师，1894 年 5 月 9 日生于伦敦，1914 年在美国哥伦比亚大学毕业后进入华尔街，著有《聪明的投资者》、《证券分析》等证券分析名著，有证券分析之父、“华尔街院长”之誉。他说，投资者与投机者最基本的区别在于他们对股票估价的态度。投机者往往企图预测股票价格变动并希望从中套利，相反，投资者却寻求在合理价位购买股票。成功的投资者往往是那些个性稳定的人，投资者最大的敌人不是股票市场，而是他自己。即使投资者具有数学、财务、会计方面的高超能力，如果不能掌握自己的情绪，仍难以从投资行动中获益。

股市心理趋向常与人们集体无意识中最深处的记忆相联，时而跃进、时而蹒跚。人们在判断股票价格水平时，记忆中最近的价格的最可能的心理趋向，成为左右当前市场走势的重要因素。在股市暴跌过程中，就既有“经济人”回避风险的现实考虑，也不乏市场恐慌情绪的非理性宣泄。

投资者情绪则受到市场预期（可以视为所有投资者的平均预期）的影响。一则消息是利多还是利空，取决于现实与预期的对比。在降息的利多预期中，如果市场预期是降低 2%，但实际公布的是 1.5%，那么这则消息带给市场的可能是利空。“利空出尽”、“见光死”反映了市场预期实现时的市场情绪。显然，如果市场对于利空消息的反应较预期的理想，则应视为吉兆。

上述市场的情绪性和非理性，让格雷厄姆深有感触。他用“市场先生”的比喻，来揭示市场波动的愚蠢所在。他说，股票市场应被视为一个易受情绪困扰的商业合伙人，这个合伙人即格雷厄姆所谓的“市场先生”。“市场先生”每天会报出一个价格来购买你的股份或出售他的股份。尽管你们合伙的企业经济特性和经营状况稳定，但“市场先生”的情绪和报价却非如此，他的情绪不稳定，有时情绪高涨，会报出非常高的价格；有时非常沮丧，就会报出非常低的价格。

虽然情绪不稳定，但“市场先生”还有一个惹人喜爱的特点，就是从不介意被人冷落。如果他今天的报价被你忽略了，他明天还会报出一个新价。格雷厄姆因此告诫说，对投资者而言，有用的是“市场先生”的皮夹子，而不是他的智力。如果“市场先生”表现很愚蠢，你就可轻易忽视或利用他，但如果你在他的影响下摔倒，那么就可能出现灾难性的结果。

巴菲特自己常把老师格雷厄姆的这个比喻牢记在心中，以便使自己摆脱市场情绪的感染和左右。他的解释是：市场先生是你的仆人，而不是你的向导。他提醒股东，要想投资成功，就须对企业具有良好判断并使自己免受“市场先生”控制的情绪旋风之害。

“股票市场是经济的晴雨表”，同样是值得注意的说法。关键在于，经济状况未必是经济景气，也可能是流动性增减。在中国，股票市场更多的是流动性的晴雨表。因此每次中央银行打开闸门，大肆增加贷款，股票市场就有不小的涨幅。一旦流动性收缩，股票市场就下跌。

流动性就是货币供应量。它作为货币政策主要调控对象，主要包括M0、M1、M2、M3等不同口径。其中M1包括支票帐户和通货，最为人们关注，它不仅直接处于中央银行的控制之下，而且是最直接与货币的媒介功能相联系的货币定义。对证券市场而言，M1和M1/M2（或M1-M2）的影响最大。M1增加表明可交易的资金供应量增加，从而在资金流向格局不变的前提下，增加流入证券市场的资金。M1增加既可表现为总量扩张，如全面放松银根；也可表现为结构性扩张，通过加大流动资金贷款，同时限制固定资产投资规模，或通过降息提高货币流动性，都可以提高M1/M2（或M1-M2）。实证数据表明，M2与股指关系相当微弱，M1与股指关系高于M2；M1-M2与M1/M2和股市投资有相同的逻辑联系，稳定性和相关度都高于M1和M2。M1-M2与M1/M2的历史低点较为稳定地滞后于股指历史低点3~7个月[110]。

股票市场成长也未必是价格指数增长，而可能是市值扩大。市值是股票价格与股票数量的乘积，如果股票数量增加一倍，股票价格下跌25%，市值仍然增长50%！2005年4月29日，证监会发布《关于上市公司股权分置改革试点有关问题的通知》（简称《4.29通知》），启动股权分置改革后，中国股票市场就进入流通市值膨胀的新阶段，因此除了在实施股权分置改革期间，中国股市都疯狂上涨。2007年8月9日，沪深两市总市值达到21.15万亿元，超过2006年中国21.09万亿元的国内生产总值（GDP），证券化率超过100%；2007年10月16日，上海综合指数抵达6124.04的高点；随后流通市值膨胀的压力越来越大，下跌就成为不可避免的噩梦！（图11-1）

图 11-1　1990 年 12 月 31 日至 2013 年 2 月 27 日上海综合指数月 K 线
资料来源：根据股票市场走势自行绘制。

“弹指一挥间”。数据显示，2001 年 6 月 14 日，沪指冲高至 2245.43 点见顶，在之前和随后的 4 年间这一高度都未被超越，成为一个标杆数值；2011 年 10 月 24 日，沪指最低探至 2307.15 点，在随后的 11 月底和 12 月，2300 点一线始终岌岌可危，而这一点位只比 10 年前的那个高点高出 54.57 点。考虑通胀损失，10 年间 A 股指数（沪指）涨幅为零，A 股负收益。

几乎与此同时，由于股权分置改革效应逐步显现，以及服从国家战略下的证券化过程，导致上市公司大幅增长[11]，A 股市场总市值由 2001 年 12 月 31 日的 43522.2 亿元 增至 2011 年 12 月 7 日的 265497.95 亿元，增幅已高达 510%[12]。股权分置改革导致股票市值尤其流通市值急剧膨胀。数据显示，截至 2010 年底，沪、深交易所上市公司 2063 家，总市值 26.54 万亿元，流通市值 19.31 万亿元，分别较实施股权分置改革的 2005 年年底增长 0.5 倍、7.2 倍和 17.2 倍[13]。

笔者相信，与中国经济随着经济结构日益优化而走向成熟一样，随着证券化过程的日渐完成以及经济状况本身的完善，中国证券市场有望在经历几年的牛皮市后，跟美国股市一样，走向以股价上涨为主的道路。

三、价值

糟粕所传非粹美，丹青难写是精神。

——北宋·王安石《读史》

随着价值投资日益受到重视，价值也许是最常见的投资关键词之一，虽然价值有多种含义，比如马克思对商品价值的解释。

与价格作为市场供求平衡的结果不同的是，价值的本质在于对企业本身的评价。主张价值投资的巴菲特曾指出，投资专业学生只需学习如何评价企业和如何看待市场价格两门课程就可以了。

在制度经济学的视野里，企业是作为市场替代物出现的。相对于企业，市场具有较高的信息处理效率，并能提供动力强大的诱因，但同时又存在交易成本和市场失灵成本；而企业作为另一选择，具有权力和协调的好处，可在很大程度上降低交易成本、弥补市场失灵。动机成本、信息成本和协调成本等交易成本损失，限制了企业扩张边界，并对企业组织结构设计产生决定性影响。三种交易成本的总和最小化，是企业组织结构设计的关键所在⑭。

美国著名经济史家、伟大的企业史学家、战略管理领域的奠基者之一小艾尔弗雷德· D .钱德勒（Alfred D.Chandler,Jr.，1918—2007）曾在名著《看不见的手》中，揭示了多样化经营及扩张的美国大公司经历了组织结构由集权的职能型结构向多部门的分权结构转变的伟大历程，指出“现代工商企业在协调经济活动和分配资源方面已取代了亚当·斯密的所谓市场力量的无形的手。市场依旧是对商品和服务的需求的创造者，然而现代工商企业已接管了协调流经现有生产和分配过程的产品流量的功能，以及为未来的生产和分配分派资金和人员的功能”[115]。这个结构转变正是努力降低交易成本的结果，但他使用的是速度经济概念。速度经济决定规模经济，“规模经济性和分配经济性不在于规模的大小，而在于速度。这种经济性不是来自建造更大的商店，而是来自提高库存周转率。为了保持及继续大量货物的流动，需要进行组织革新。而达到此目标的唯一方法就是建立一个由许多专职的支薪经理经营的管理层级系统。”[116]

无论如何，企业是追求利润的，而利润最终以现金表现出来。没有现金流，就像人没有血液，企业终将死亡。而企业在剩余寿命中可产生现金流的贴现值，就是企业内在价值，也即价值投资里的股票内在价值。

现金流贴现率也称内部收益率（Internal Rate of Return，简写为 IRR，也称内部报酬率或内部回收率），即通常所谓的“（年）复利率”，表明了企业或项目资本产生现金的速度，反映了“利滚利”的数学本质。在投资决策中，只有利用 IRR 进行贴现后，每年收益及收益期限不同的投资项目才可进行比较，而以 IRR 最高者为首选。一个内在价值高的企业，其现金流量必然令人乐观，即使股东不增加投资，也能凭借自身现有的现金发展壮大。

内部收益率是建立在现金流基础之上的。企业或资本都是“现金导向”的！企业内在价值是未来现金流的贴现值，因此企业经营的最终目的在于获得足够多的持续现金流！产生现金的能力是一家企业价值的根本标准！巴菲特说，一家现金充裕的公司买入一项需要巨额现金的业务，就像是走向一位漂亮的公主并宣称道：“我这里有位极度爱慕你的可怜人非常渴望能和你见面。”对投资者来说，管理学大师彼得·德鲁克（Peter Drucker，1090-2005）的建议是，“如果一开始的许诺是在第一个 5 年里盈利，那不要投资它，因为它没有什么增长。但是如果在开始的一年半里没有产生现金流的话，也不要投资它，因为它没有维持经营的能力。”⑪⑦

现金流是一个企业资金运转的度量。而仅反映现金流量的财务报表是现金流量表。与资产负债表和损益表相比，现金流量表出现的时间要晚得多。在经营性、投资性和筹资性现金净流量三个组成部分中，经营性现金净流量是现金流量表的“灵魂”。在现金流量表的分析中，分析者首先要关注每股现金净流量。每股现金净流量指标与每股收益不相匹配（不管是高或是低），往往显示该企业财务异常。但若仅仅通过每股现金净流量来衡量公司业绩质量，分析者又可能陷入公司设计的现金流陷阱！

价值评估的最大困难和挑战在于内在价值取决于公司未来的长期现金流，未来现金流又取决于公司未来的业务情况，而未来是动态的、不确定的，预测时期越长，越难准确地进行预测。因此，即使是股神巴菲特也不得不感叹，价值评估，既是科学，又是艺术。巴菲特一再强调内在价值是估计值而不是精确值，而且它还是在利率变化或者对未来现金流的预测修正时必须相应改变的估计值。即使两个人对于同一对象进行估值，也几乎不可避免地得出至少是略有不同的内在价值的估计值。他和事业伙伴查理·托马斯·芒格（Charles Thomas Munger，1924—）都承认，他们只是对估计一小部分股票的内在价值有点自信，但这也只限于一个价值区间，而绝非那些貌似精确实为谬误的数字。这是巴菲特他们从不对外公布对内在价值的估计值的原因之一。

在投资中，价值的作用在于与价格进行对比。作为价值投资的基础理论，稳固基础理论认为，每种投资工具，无论是股票还是不动产，均有某种内在价值的稳固基础。当价格低于（或高于）内在价值时，就会出现买进（或卖出）机会，因为这一价格波动最终将被纠正。这样，投资就成为投资者对投资对象实际价格与其内在价值进行比较的单调游戏。

稳固基础理论逻辑性强，很适于解释股票价格。它强调，股票价值应以公司未来可用于红利分配的现金流为基础。由此可以推断：股票价值随其股息和增长率增加而增加。决定股票价格的主要因素是红利增长率的差异，此外还夹杂着影响预期的其他因素。证券分析师不仅要估计长期增长率，而且还要研究增长持续的时间。因此麦基尔（Burton Malkiel）在《漫步华尔街》中讽刺说："当市场过分相信未来的收益增长率能够持续的时候，华尔街的投资家们很可能不仅是在贴现未来，简直就是在贴现来世。基本分析的要害在于，股票价值的估计建立在对未来收益的增长程度及其期间的不确定预测基础上。"[118]这时的股票内在价值，其可靠性是可疑的。这种质疑，同样也是长期以来对于成长股存疑的根本原因。而面对这种不确定性，巴菲特选择对已进入成长期的较大型高素质企业进行投资，就是因为这时的企业业务增长更具可持续性和可预见性。

即使是技术分析派也未必否认价格趋于价值。1922 年，汉密尔顿在《股市晴雨表》中指出，道氏早在 1902 年去世前发表的一些文章中就预言："价格正在超过价值，数月之后市场将会预期铁路收益下降，大工业集团的发展至少会减慢，其他部门的交易也将萎缩。"汉密尔顿评价说："他正确抓住了价格向价值调整的这个本质问题。"汉密尔顿引用的 1904 年 9 月 14 日发表在《华尔街日报》的一篇文章中明确指出："从长期来看，价值决定价格。"汉密尔顿还认为，市场在价值评估方面也具有其他不可比拟的作用，因为"股票市场价格在调整的过程中应用了当前已知的未受操纵行为影响的一切知识和信息。自由市场在进行价值评估时会考虑到再生产价值、不动产价值、特许经营权、路权、商誉等一切因素，这是任何由国会任命的评估委员会都无法企及的"。[119]

无论如何，股票价值总是值得关注，为的是寻找一个衡量价格高低的标杆，虽然这个标杆本身并不清晰和稳定。

四、垄断

一夫当关，万夫莫开。

——唐·李白《蜀道难》

如果投资者对价值还有些迷糊，觉得有些故弄玄虚，那么可以看看垄断。

垄断（monopoly）一词源于《孟子·公孙丑》：“必求垄断而登之，以左右望而网市利。”原指站在市集的高地上操纵贸易，后来泛指把持和独占。“人皆以为贱，故从而征之。征商自此贱丈夫始矣”，孟子认为垄断是对商人征税的最初动因。

至少从孟子那时起，人们就开始意识到垄断的力量。以至后来的当权者长期通过垄断盐业征税获利。在生意场上，每个企业都明白垄断之于企业的巨大效应，希望自己能成为垄断者。在市场机制优胜劣汰的过程中，确实有许多企业因此形成了垄断者地位。还有一些企业，通过政府许可或者资源垄断，在设立之初就具有垄断性。

在西方经济学中，垄断是最具争议的理论对象之一。早在 17 世纪中叶至 18 世纪，在资本主义由商业资本主义向自由资本主义转变过程中，自由竞争理论还未完全建立时，垄断理论就已萌芽，并且一经出现就与竞争理论相对峙。重农主义领袖、政治经济学先驱、古典经济学奠基者、法国经济学家弗朗索瓦·魁奈（Francois Quesnay，1694—1774）就提出赞赏自由竞争、反对垄断的思想。到 18 世纪后半期，经济学之父亚当·斯密（Adam Smith，1723—1790）在《国富论》中以看不见的手（invisible hand）形容价格机制，提出自由竞争理论，奠定古典竞争理论的基础，确立了自由竞争理论的统治地位。

随着资本主义发展，垄断现象日益突出，经济理论与时俱进，对垄断现象的研究随之深化。从 18 世纪末到 19 世纪 30 年代，欧洲主要国家完成工业革命，建立了机器大工业，形成了国家统一大市场。随着生产力发展，空前规模的资本积累迅猛增长，大银行家、大企业主不断涌现，垄断日益显现出与资本主义初期明显不同的特征。1838 年，法国数学家、经济学家、数理统计学的奠基人奥古斯丹·古诺（Antoine Augustin Cournot，1801—1877）出版《财富理论的数学原理的研究》，首创性地提出垄断理论模型。古诺双寡头模型（Cournot duopoly model）至今仍作为经典垄断理论而存在。

19 世纪 70 年代至 20 世纪初，随着资本主义生产力迅猛发展，资本主义资本积累高度膨胀，出现了一系列庞大的垄断组织。垄断现实如雨后春笋，垄断理论各家学说纷至沓来，竞争理论再也难以阻挡垄断理论的发展势头。诸多经济学家把垄断与竞争视为矛盾统一体，彼此渗透与交叉。以垄断程度而论，依次有：德国新历史学派创始人古斯塔夫·冯·施穆勒（Gustav von Schmoller，1838—1917）于 1908 年在《施莫勒年鉴》中提出的寡头垄断，古诺提出的双头垄断，伊西德罗·埃奇沃思（Francis Ysidro Edgeworth，1845—1926）于 1897 年在《纯垄断理论》中提出的纯垄断。还有学者从竞争角度出发，提出在与垄断渗透过程中竞争占有程度不同的理论。

20 世纪 30 年代后，资本主义又迎来一次新的产业革命，科学技术和规模经济成为提高经济效率的主要手段，新型垄断组织在生产形式和质量方面都发生巨大变化，大大强化了社会经济的垄断势力。垄断理论加快向前推进。1933 年，美国经济学家爱德华·张伯伦（E.H.Chamberlin，1899——1967）和英国经济学家琼·罗宾逊（Joan Robinson，1903—1983）先后出版《垄断竞争理论》和《不完全竞争经济学》，摒弃古典学派把纯粹竞争市场作为普遍存在的假定，认为现实经济生活中只存在不完全竞争市场，进而提出垄断竞争理论，从根本上动摇了竞争理论的基础。1939 年，美籍奥地利经济学家约瑟夫·熊彼特（Joseph Alois Schumpeter，1883—1950）发表《经济周期》，提出创新理论，开创垄断理论新思路，认为垄断企业的技术创新作为企业内生因素，有利于促进生产发展，成为对竞争理论对垄断所加不实之辞进行驳斥、为垄断正名的主要学者。

二战结束后，世界经济形势发生急剧变化，在经济结构不断调整和科技创新突飞猛进中，经济全球化的广度与深度都前所未有，垄断程度加强也是战前无法比拟的。在这个大转折的时代中，垄断理论出现了一场相互对峙的大辩论。20 世纪 40~60 年代，产业组织理论内部的哈佛学派与芝加哥学派的论战把垄断理论的发展推向新高潮，争论焦点以垄断对企业经济效率的影响为中心展开，首先表现在双方的逻辑思维差异以及市场结构与企业运行效果的因果关系，究竟是市场结构决定企业运行绩效，还是企业运行绩效决定市场结构。由此产生进一步的争论，即高度集中的市场结构获取高额利润是来自于垄断势力还是大企业高效率，有力推动了产业经济理论发展，70 年代以后逐步形成以研究技术创新、进入壁垒、交易费用和博弈论等为中心内容的崭新的、独立的垄断理论体系，在经济学理论中崭露头角[120]。

基于数百年研究与争论，人们对垄断的认识逐步提高和加深。人们看到，垄断这一社会经济范畴，对经济发展既有负面的抑制作用，又起着正面的促进作用。垄断能够有效提高经济效率，促进经济发展，特别是随着科技创新、经济全球化发展，垄断势力加强也给全球经济注入了新的活力。然而，垄断在社会经济发展中始终具有它对社会关系产生的自我破坏、自我限制和自我否定的消极因素。

上述对于垄断的思想认识表现在经济政策方面，就是维护适度的垄断。一方面，政府通过知识产权保护鼓励和维护垄断，进而鼓励创新，通过产业政策鼓励提高产业集中度，提高产业竞争力；另一方面，政府又通过反垄断法打破垄断，强化市场竞争和创新机制。

美国是反垄断的先行者。1890 年，作为 19 世纪末反托拉斯运动的重要标志，美国推出了世界上第一部反垄断法——《谢尔曼法》（Sherman Act），禁止垄断协议和独占行为。1914 年，美国又颁布限制集中、合并等行为的《克莱顿法》（Clayton Antitrust Act），以及以消费者权益保护、禁止不正当竞争行为等主要内容的《联邦贸易委员会法》（Federal Trade Commission Act）作为对《谢尔曼法》的补充，最终完成构建了美国的反垄断法体系。近年来，美国反垄断政策的重点逐步从维护价格竞争转向促进创新，促使大企业的市场行为推动技术创新，以增强美国的经济活力和竞争力。反对垄断对技术创新的障碍，是美国保持经济活力和竞争力的重要秘诀。

美国反垄断的做法逐渐被其他国家所认同。在“二战”之前，其他国家的反垄断立法几乎空白。但“二战”一结束，形势就发生了很大变化。1947 年，在美国的督促和引导下，日本颁布《禁止私人垄断和确保公正交易法》；1957 年，德国颁布了《反对限制竞争法》；1958 年，《欧洲经济共同体条约》生效，其中第 85 条至第 90 条是欧共体重要的竞争规则；1989 年，欧共体理事会颁布《欧共体企业合并控制条例》，把控制企业合并作为欧共体竞争法的重要内容；1990 年，意大利也颁布反垄断法，成为发达市场经济国家中颁布反垄断法最晚的国家。至此，经济合作与发展组织所有成员国都有反垄断法。20 世纪 80 年代后期以后，随着民营化、减少政府行政干预和反垄断日益成为全球经济政策的发展趋势，发展中国家反垄断立法步伐也明显加快。2007 年 8 月 30 日，第十届全国人民代表大会常务委员会第二十九次会议通过了《中华人民共和国反垄断法》。

"经济租"是理解垄断的一个非常重要的经济学概念。"经济租"源自地租，后来扩散到其他非土地领域，系指基于经济权力而产生的租，以"准租金"面目出现。这种经济权力具有不可替代性，因此就具有垄断性，进而具有市场力量带来的定价权，从而可以获得超额利润。经济租金包括两种：源于有价要素固有的供应紧张状况的理查德租金或稀缺性租金；基于革新的熊彼特租金或创新租金。前者持久，而后者将因创新扩散和被模仿而消失[121]。

当"经济租"被视为由于不同体制、权力和组织设置而获得的"超额利润"的时候，所谓"寻租"（rent seeking）就被用于分析政府行为和腐败。政府运用行政权力对企业和个人经济活动进行干预和管制，阻碍市场竞争，从而创造了少数特权者取得超额收入的机会。这种超额收入被美国经济学家詹姆斯·麦吉尔·布坎南（James McGill Buchanan，1919—2013）和安妮·奥斯本·克鲁格（Anne Osborn Krueger，1934—）称为"租金"（rent），实际上就是经济租，而谋求这种权力以获得资金的活动，被称作"寻租活动"，俗称"寻租"。

显然，企业要获取经济租或者超额利润，就必须形成某种垄断。经济学证明，处于完全竞争市场中的厂商以及垄断市场中的小厂商只能是价格接受者，而只有在市场中处于垄断地位和领导地位的厂商才能具有市场力量，具有定价权，进而获得超额利润。在铁矿石等资源市场，正是由于存在资源垄断，国际垄断巨头可以凭借定价权获取经济租，让需求方支付更高费用[12]。

巴菲特认为，为了形成垄断，企业必须拥有具唯一性的东西——即“特许权”（Franchise）。巴菲特对特许权的浅显定义是，如果消费者在一家商店买不到某种商品（例如可口可乐或吉列刮胡刀），那么即使有其他类似产品，他仍会过街到别处寻找这种商品。这种特许权最终体现为一个知名品牌。

巴菲特一生都在追求消费垄断性企业。垄断性企业具有巴菲特所谓的“毛利润特权”或“毛收入特权”。他从对美国航空公司的失败投资中认识到，你不可能比你最笨的竞争对手更精明，诀窍是不要有竞争对手。他投资的可口可乐公司和吉列公司就是如此，它们都在全球范围内参与改善生活水准的活动。由于这种产品优势在可预见的未来难以改变，企业营运前景相当“确定”，因此投资风险大幅下降。这就是巴菲特“长期投资”甚至“永久投资”的根本原因。

当然，一旦“特许权”减小，企业定价权弱化，企业前景就会变得黯淡起来，投资者就应考虑退出游戏了。因为定价权消失，意味着垄断消失，意味着超额利润消失，意味着竞争加剧的来临！

特许权因素在巴菲特、彼得·林奇（Peter Lynch，1944-）等许多投资大师的选股策略中都体现出来。投资名著《漫步华尔街》的作者麦基尔也非常重视特许权，这体现在他的选股要点中：1.好公司，首先要有较高的资本回报率（净资产收益率）。一般要高于同期银行存款利率，越高越好。2.公司盈利进账应是现金，而非应收账款或会计帐面利润。3.公司应在一定程度上享有商业专利，或在某一市场占有主导地位，从而一旦市场出现不景气，公司将有较强的抵抗能力。4.好公司须有明确的经营方针。那些名曰多元化而参与不熟悉业务的公司，股价可能因前景不明而长期受压。

5.上市公司透明度太低的，不值得投资。其中第三个要点中的商业专利就是一种特许权。

李嘉诚作为华人大富豪、大投资家，也一直在追求垄断，或者所谓特许权。李嘉诚喜欢投资桥梁、隧道、码头、通信产业。其中，桥梁、隧道、码头都与土地相联系，在供给上缺乏弹性，具有自然垄断特性；而通信产业则初始投资非常大，进入门槛高，因此也是一个垄断行业。近年来，随着行业放松规制，其市场结构成为典型的寡头垄断市场结构，但仍是垄断性的。李嘉诚与巴菲特一样，投资的最终目的在于追求垄断和特许权！

这些资本家，这些投资大师，作为资本的人格体现，非常突出地体现了资本的偏好：垄断，只有垄断，才是资本获取持续稳定的超额利润的源泉！

在港台地区，垄断往往被译为独占。其实，在最根本意义上，垄断就是唯一性，意味着对供给的控制。明白这一点，投资者就明白为什么在股票市场上具有某种业务或者概念的唯一性公司比如中小企业板块的第一批上市公司、第一只机器人股票机器人、第一只专门从事合同能源管理的上市公司天壕节能（300332）等，会受到追捧。

五、风险

……然后知生于忧患，而死于安乐也。

——战国·《孟子·告子下》

“投资就是一场赌博，一场输赢依赖于对未来预期能力高低的赌博。”[123]对投资者而言，风险不可回避，甚至比收益更重要。巴菲特曾经再三指出保本的重要性。投资者只有将风险控制放在首位，才可能寻求稳定、可持续的收益。

风险管理伴随着投资理论的发展。现代投资理论不仅是投资分析和决策理论，而且更是风险管理理论。投资组合理论、贝塔系数、资本定价理论等无不显示出对于风险管理和控制的极大关注。

投资需要快乐的感觉，需要决断，也需要纪律。快乐人生比投资重要，投资首先应建立在快乐的基础上。身心愉快，判断才能准确。如果对现有投资忧心忡忡，夜不能寐，那么就不应心存侥幸，而应马上退出。既然蝴蝶扇动翅膀都可引起海啸，忧心忡忡的结果又怎么可能永不会出现？想当初，美国长期资本管理公司（Long Term Capital Management，LTCM）不就是因为小概率事件发生，预测模型的前提假设不存在，结果导致大幅亏损而在 1998 年黯然消失吗？

美国长期资本管理公司创立于 1994 年，主要活跃于国际债券和外汇市场，曾与量子基金、老虎基金、欧米伽基金合称为国际四大“对冲基金”。其掌门人梅里韦瑟（John Meriwether），被誉为华尔街债务套利之父，合伙人包括1997年诺贝尔经济学奖得主默顿（Robert Merton）和舒尔茨（Myron Schols），前财政部副部长及联储副主席莫里斯（David Mullis），前所罗门兄弟债券交易部主管罗森菲尔德（Rosenfeld），可谓“梦幻组合”。1994—1997年，该公司年投资回报率分别为28.5%、42.8%、40.8%和17%。

美国长期资本管理公司的数学模型，建立在历史数据统计基础上，一些小概率事件常被忽略，隐患因此埋下。1998年，金融危机降临亚洲金融市场，美国长期资本管理公司根据模型认为：发展中国家债券和美国政府债券之间利率相差过大，发展中国家债券利率将逐渐恢复稳定，二者间差距缩小。但同年5月，由于国际油价与原材料价格大幅下跌，俄罗斯国际收支恶化，财政入不敷出，国际投资者纷纷从俄罗斯国债市场退出，转向持有美国、德国等风险小、质量高的债券品种。俄罗斯金融风暴使得小概率事件出现了，自5月到9月全面溃败短短150天，公司资产净值下降90%，巨亏43亿美元，仅余5亿美元。9月23日，美联储出面组织安排，以美林、摩根为首的15家金融机构注资37.25亿美元购买了美国长期资本管理公司90%股权，共同接管该公司，避免了倒闭厄运。

投资风险可分为系统风险和非系统风险。系统风险又称市场风险，也称不可分散风险。利率、汇率、通货膨胀、经济政策、政权更迭、战争冲突等都是重要的影响因素，其中以利率风险和通货膨胀风险最为常见。

利率是衡量内部收益率（IRR）高低的标杆，规定了投资项目收益的最低水平。在简单化的计算中，价值就是以利率为贴现率来将未来收益加以贴现的。因此，如果利率水平提高，那么项目应有更高内部收益率才值得投资，这在整个社会无疑具有收缩投资的效果，因此投资与利率反向变动。同时，利率提高还具有增加储蓄和减少消费的效果。因此，利率上升往往对股票市场形成打击，但在经济繁荣初期，利率上升作为经济景气信号，也可能伴随股票市场上涨。

通货膨胀之重要，主要在于它与名义利率相互影响，同向变化，可以推升名义利率，进而使得很多投资项目要有更高内部收益率才可行。但物价水平变化是经常、迅速而领先的，而名义利率变化却是间歇、迟缓而滞后的，并不能跟随通货膨胀率随时调整（也即具有价格粘性）。因此，伴随通货膨胀率提高，即使是计算认为可行的投资项目，实际上也可能亏损。

非系统风险又称非市场风险或可分散风险，主要包括信用风险、财务风险、经营风险、流动性风险。这些风险也是很多投资者耳熟能详的。就价值投资和长期投资而言，投资者应该特别关注需求面或者供给面的变化趋势，也即所谓需求冲击或者供给冲击。供给冲击往往来自同行的供给变化，比如日本地震，导致许多电子元器件产量大幅下降，相关厂商的产品需求急剧增加。需求冲击往往来自同行之外的技术创新。比如数码相机普及后，胶卷需求急剧下降，最终导致胶卷发明者、全球最大影像产品及相关服务的生产和供应商柯达公司（Eastman Kodak Company）在 2012 年 1 月正式申请破产保护。

安全边际（margin of safety）是防范风险可供参考的概念。这个概念由格雷厄姆提出。安全边际就是价值与价格相比被低估的程度或幅度。安全边际是对股票市场波动巨大的不确定性和不可预测性的一种预防和保险，可以在减少风险的同时增加投资回报。有了较大安全边际，即使市场价格在较长时期仍低于价值，我们仍可通过公司净利润和股东权益增长来保证资本安全性并取得满意的报酬率。对优质公司股票而言，如果股票价格进一步下跌，我们还能以更大的安全边际买入更多股票。巴菲特曾经这样指出："投资的基本思想是：把股票作为企业来看待，利用市场波动来取得优势，寻找安全边际。"[124]他认为，安全边际可从两个方面帮助投资：首先是缓冲可能的价格风险；其次是可获得相对高的权益报酬率。但找到安全边际的前提在于对公司价值的准确评估，但价值准确评估往往不易做到，完全准确更不可能。这往往容易使得安全边际变成一种股评家的噱头。

长期投资是降低风险的法宝。跟结婚一样，长期投资可以让投资者更审慎地选择投资标的。当投资者决心对一只股票不离不弃的时候，他应对其质地和长期发展具有足够信心。此外，平均来看，长期投资要比短期投资具有更稳定且较高的收益。正如19世纪美国铁路和电报系统无可争议的巨头、"镀金时代"股票市场的操纵者投资家斯蒂芬·杰伊·古尔德(Stephen Jay Gould，1836—1892)所说："波动是基础的事实，而平均值是对事实的提炼"，"长期投资的平均增长率像灯塔，或是美女，不断地诱导投资者面向更长远的未来，获得与平均增长率差不多的收益。而其中出现的收益的大幅波动对于长期投资来说会越来越小，所以平均值明确了我们的期望值。"[125]

熟悉投资对象，是降低风险、成功投资的有效途径。投资与赌博的根本差别，在于投资是个基于可靠信息和专业知识，判断和衡量收益概率的过程。只有投资者清楚自己在做什么，才不是赌博。投资者投资于熟悉的园地，可以集中目标，以便在机会到来时很快领会并迅速采取行动。在多数情况下，依赖经验和常识的直觉型投资者往往会输给依靠大量数据基础和统计进行判断推理的投资者。只有用心关注、研究和比较投资的远期结果，努力找到一个或一系列有实际意义的投资方法和策略，才算完成一次高明的投资。

这种园地包括自己工作的地区、行业和公司，但同时，也需要注意切身所在所产生的主观局限。比如，他可能高估其他地区、行业和公司的长处，以至出现“外来的和尚好念经”的情况。而事实上，“天下乌鸦一般黑”并不罕见，自己所在地区、行业和公司的缺陷和弱点在其他地区、行业和公司同样存在，甚至更加严重，只不过投资者不知道而已。

因为投资需要熟悉投资对象，伟大的基金经理彼得·林奇总是强调常识最重要。他告诫投资者“不要相信投资专家的任何建议[126]”。投资赚钱之难易，关键在于投资者自己。业余投资者有很多先天优势，如加以启发和引导，会比专家做得更出色，尤其是如果选择自己研究过的股票的话。投资者要用自己的眼睛去发现、用自己的感觉去感觉、用自己的头脑去分析投资机会。他认为，如果在工作、购物、参观展览、吃东西时多加留意，或者多关注新出现的有发展前途的行业，业余投资者同样可以找到能赚大钱的股票。他身体力行，利用常识发现了生产牛仔裤的 Gap 公司、生产墨西哥玉米煎饼的 Taco Bell 公司、生产汽车的沃尔沃公司、La Quinta 汽车旅馆、举办葬礼的 SCI 公司、生产咖啡的 Dunkin´s Donuts 公司及生产电脑的苹果公司；他还通过妻子卡罗林的购物经历发现了生产 L´eggs 牌丝袜的 Hans 公司。

当然，在常识基础上还有待进一步的分析。因为喜欢是对公司产生兴趣的很好理由，但并非购买的充分理由！购买的决定是在对公司收益前景、财务状况、竞争形势、发展计划等情况研究之后做出的。比如，对零售公司股票而言，投资分析的关键之一就在于“确定公司扩张期是否即将结束”——也即彼得·林奇所谓“最后的机会”，投资者必须留意公司未来收益增长的来源以及何时发展速度会放慢。林奇喜欢投资中小公司股票，但他强调，对小公司，最好等到他们赢利后再投资。

基于对生活常识的强调，彼得·林奇是个技术厌恶者。他的个人经验表明，不追赶潮流的人才能成为成功的投资者。他所知道的绝大多数有名的投资者（首当其冲的就是巴菲特）都是技术厌恶者，他们从来不买自己不了解的公司股票。

投资者也可投资于自己所在公司的竞争对手，因为最透彻了解一家公司者，往往莫过于竞争对手及其职员。所谓“欲识庐山真面目，只缘身在此山中”，这种了解程度甚至超过自我认识。因此，投资者在必要时可以投资于自己公司的竞争对手。因为没有情绪干扰，这种投资还具有一些独到之处和便利条件：对发展状况较早观察，便于跟踪财务增长及对问题的洞察力。

熟悉投资对象，实际上是对投资者自身能力的限定。人可以做很多事，但要看自己的手能伸多长，眼睛能看多远。投资者在其能力圈范围内，可获得对企业价值相对可靠的评估。巴菲特曾建议说：“看待股票要像对待业务一样。找职业当然要找自己熟悉、胜任的行当。你投资股票的公司一定要由你信任的人来管理。由你感到放心的人来运作。这样，你就可以放手让他们去干，干上一段时间。”[127]不熟不做是他成功的奥秘之一。即使公司很好，如涉及太多不了解的科技，由于不了解，他也不沾手。

一个人走路的时候，有一条明确线路的与没有线路的瞎撞，风险当然大相径庭。投资也一样。风险是个欺生的家伙，你要降低风险，就必须熟悉你投资的区域。

六、成长

潮平两岸阔，风正一帆悬。

——唐·王湾《次北固山下》

这是一个对增长如饥似渴的年代。

政府视经济增长为头等大事，普通百姓恨不得财富飞速增长，一夜暴富!

在中国股市，增长更多的是以成长来表述。成长具有拟人的意味，这符合中国文化喜欢比拟的特性。

成长是个过程，最终结果是成熟。就如同发展中国家中的发展中（developing）是个过程，最终结果是发达（developed）。

股票投资中的成长，实际上说的是企业成长性，因此属于价值投资的范畴。

成长股投资始于菲利普·A.费雪（Philip A. Fisher，1907—2004）。1927年，费雪在美国斯坦福大学商学院读书，1928年自斯坦福大学商学院毕业后开始证券分析师生涯，1931年创立投资咨询公司——Fisher & Company，被视为现代投资理论的开路先锋之一，成长股价值投资策略之父，教父级的投资大师，华尔街极受尊重和推崇的投资专家之一。

费雪在代表作《普通的股票和不普通的利润》（Common Stock and Uncommon Profits，中文译为《怎样选择成长股》）中详细论述了他的成长型投资理论，总结了充分的市场潜力、新的产品增长点、研发努力及其效果等成长股的 15 个特征。费雪的成长股投资思想后来为巴菲特所继承，构成了巴菲特投资思想 1/4 的来源，其他大部分来自格雷厄姆，小部分来自伙伴芒格。芒格让他摒弃了格雷厄姆在垃圾股中淘金的做法，转而在绩优股中选择价值低估的股票。

那么，投资者怎样才能发掘出优秀的公司，保证其投资顺利升值呢？为此，费雪提出“闲聊”法，就是找一个在管理各方面都很在行的专业人士，让他去详细调查某公司的经营者素质、生产作业、销售组织、研究活动工作以及其他重要职能，进而判断该公司是否具有良好的发展前景和成长性。

企业成长是与企业成长阶段相联系的。企业生命周期是指企业诞生、成长、壮大、衰退甚至死亡的过程。企业成长阶段是其中阶段之一，虽然不同企业的寿命各有短长，但各个企业在生命周期的不同阶段所表现出来的特征却具有某些共性。针对这些共性，20 世纪 50 年代以来，许多学者从不同视角进行了大量考察和研究，其中伊查克·爱迪思（Ichak Adizes）可谓最具有代表性人物之一。

伊查克·爱迪思在 1989 年出版的《企业生命周期》一书中，形象地描述了企业整个生命周期的形态变化，并根据企业灵活性和可控性将企业生命周期分为成长、再生与成熟、老化三个阶段，其中包括孕育期（Courtship）、婴儿期（Infancy）、学步期（Go-Go）、青春期（Adolescence）、盛年期（Prime）、稳定期（Stable）和贵族期（Aristocracy）、官僚化早期（Recrimination）、官僚期（Bureaucracy）、死亡期（Death）10 个时期。

但就成长阶段而言，邱吉尔和刘易斯（Churchill N.C 和 Lewis V.L）的划分更为明了。他们从企业规模和管理因素两个维度，提出包括创立、生存、发展、起飞和成熟阶段的五阶段企业成长模型。据此，企业整体发展一般会呈现“暂时或永久维持现状”、“持续增长”、“战略性转变”和“出售或破产歇业”等典型特征。显然，成长就是其中发展和起飞阶段。

衡量企业成长的常见指标是销售收入增长率、市场占有率增长率和利润增长率。在财物上，成长性企业一定可以不依靠外源融资持续发展。因为外部融资未必总能获得，企业如果要因此才能进一步发展，那么发展必然不可持续。可持续性增长率依赖于企业内部融资，也即企业留存收益增长。

考虑股票价格是否反映企业成长性以及反映成长性的程度，其指标主要是PEG。PEG是彼得·林奇发明的股票估值指标，它在PE（市盈率）估值基础上，通过以市盈率除以公司盈利增长速度，弥补了PE对企业动态成长性估计的不足。PEG=PE/企业年盈利增长率。以PEG来作为把握买卖时机的标准，使得这些成长股策略在市场高涨的时候也能选到部分股票。

正如格雷厄姆批评成长股投资一样，成长股投资的软肋在于其主观性。这种主观性让成长股投资变成一种赌博。

“海阔任鱼跃，天高任鸟飞”。成长股的判断还是要从市场容量或者行业前景来判断。成长股首先处于一个快速成长的行业中，只有广阔的新兴市场才能有成长股出现。在一个萎缩或者市场垄断格局已经形成的市场，是不可能有真正成长股出现的。这时候，对于企业成长性的主要判断依据在于自身规模和核心竞争力。成长股一定不是股本很大的公司。对大型公司，再大的市场规模也未必意味着广阔的市场空间。而核心竞争力是企业能够占领广阔市场的法宝，它是主营业务和总利润快速增长的源泉，最终会在上面表现出来。有广阔的市场，有不大的企业规模，有坚实的核心竞争力，成长股才可期待。这比仅仅通过财务指标判断会更加全面和客观，因此投资者应该更加注意企业业务构成及其盈利状况。

“沧海横流，方显英雄本色”。市场低迷往往是检验企业成长的试金石。经济史表明，经济萧条或者经济危机事实上提供了劣质企业的市场出清机制，往往是经济结构调整和优化的时期。因此，如果一家企业在市场低迷或者经济不景气的情况下仍能健康成长，那么其前景将是可期待的。虽然其股价会跟随大市下跌，但由于企业价值可期，一旦市场企稳，股价大幅逆转就成为可能。当然，如果市场走向狂热，垃圾股鸡犬升天，那么抗跌或者率先反弹的绩优股反而可能疲态尽显，这也是投资者需要有所防备的。

七、杠杆

清醴之美，始于耒耜。

——西汉·刘安《淮南子》

杠杆本来是个物理学词汇，也即利用一根杠杆和一个支点，可以很小力量抬起很重的物体。古希腊的伟大力学家，浮力定律、杠杆原理的发现者阿基米德不是曾自豪地说“给我一个支点，我就能够撬动地球”吗？财务或者投资意义上的杠杆正因此而来。

杠杆基于债务而存在，是利用债务达到放大收益率的目的。财务杠杆是指由于债务存在而导致普通股每股利润变动大于息税前利润变动的杠杆效应。因为在公司财务中，无论企业营业利润多少，债务利息和优先股股利都固定不变。当息税前利润增大时，每一元盈余所负担的固定财务费用就会相对减少，这能给普通股股东带来更多盈余。这种债务对投资者收益的影响，称为财务杠杆。

财务杠杆系数高低决定了企业财务风险大小。财务杠杆可以给企业带来额外收益，也可能造成额外损失，成为构成财务风险的重要因素。一般情况下，财务杠杆系数越大，主权资本收益率对息税前利润率的弹性就越大。如果息税前利润率升，则主权资本收益率会以更快速度上升；从而受益更高；如果息税前利润率下降，那么主权资本利润率会以更快速度下降，从而风险越大。

由此可见，财务风险存在的实质是负债经营使得负债所负担的那部分经营风险转嫁给了权益资本。任何只顾获取财务杠杆利益，无视财务风险而不当使用财务杠杆的做法都是企业财务决策的重大失误，最终将损害投资人利益。

与公司运用财务杠杆相似，投资者通过负债进行投资，也就形成了投资杠杆。住房市场的按揭贷款买房实际上就是一种杠杆投资，如果自有资金 30%，银行贷款 70%，那么杠杆率（Leverage Ratio，资产负债表中总资产与权益资本的比率）就是 333%（100/30），如果房价上涨 30%，那么对其自有资本而言，就是盈利 100%；反之，如果房价下跌 30%，那么对于其自有资本而言，就是亏损 100%，血本无归。基于房价上涨预期，这种投资杠杆的运用推升了房价上涨。因此房地产市场具有金融属性，而政府上调首付比例，也就是下调杠杆率，给房地产市场降温。

典型的高杠杆投资是期货和外汇。在期货市场，投资者投入 5 万元，可以操纵 100 万元，杠杆率达到 20 倍！大起大落，天上人间！

股票市场表面上没有杠杆投资，但如果投资者负债投资股票，就有事实上的杠杆投资了。基于股票市场的瞬息万变，以自有长期资金投入股票市场，是诸多投资大师和优秀投资者的经验之谈。这是考验投资者是否贪婪的时候，而贪婪往往是投资者的死穴所在！

借贷是金融的基础。有了金融，就有杠杆；有了杠杆，就有大起大落，九死一生。花花金融世界，多少悲欢离合！

八、分散

狡兔三窟，仅得免其死耳。今有一窟，未得高枕而卧也。

——西汉·刘向《战国策》

伴随投资基金兴起，分散投资或组合投资，也许是最近几十年来最热门的投资关键词。

分散投资作为降低风险的措施，具有深刻的文化传统因素。“鸡蛋不要放在一个篮子里”的西方谚语，“狡兔三窟”的中国智慧，无不提醒着投资者要进行分散投资。

分散投资受到投资组合理论（Portfolio Theory）和资本资产定价模型（Capital Asset Pricing Model ，CAPM）等现代金融理论的支持。1952 年 3 月，美国经济学哈里·马柯维茨（Harry Markowitz，1927—）在《证券组合选择》的论文中，对风险和收益进行量化，并利用均值—方差分析方法建立了投资组合有效边界模型，提出了确定最佳资产组合的基本模型。资本资产定价模型则在投资组合理论和资本市场理论基础上形成发展起来，它对系统性风险（市场中无法通过分散投资来消除的风险）和非系统性风险进行了区分，认为每一证券的期望收益率应等于无风险利率加上该证券由β系数测定的风险溢价。

分散投资并非完美无缺：其一，分散投资作为比较消极、保守的投资策略，既是分散风险过程，也是平庸化过程，摊薄收益。其二，它能分散的只是非系统风险，因此在牛市或平衡市中可以运用得更好，而在熊市或经济衰退时作用不大。在熊市或经济衰退时期，即使公司利润稳定甚至增长，其股票价格也会因为市场平均市赢率下降，通过比价效应而下跌。其三，在许多情况下，即使对非系统风险，它也不能有效分散，反而助长侥幸心理。巴菲特曾说，多样化是针对无知的一种保护；其四，它可能使投资者对投资对象了解不够，就像巴菲特的比喻：如果你有40个妻妾，对她们中的任何一个你都无法了解清楚。

这些缺陷让我们关注集中投资。约翰·凯恩斯（John Maynard Keynes，1883-1946）、巴菲特等人主张集中投资。1934年，经济学家、投资家凯恩斯在给合伙人的信中写道："随着时间流逝，我越来越确信正确的投资方法是将大笔资金投入到一个他认为有所了解以及他完全信任的人管理的企业中。认为一个人可以通过将资金分散在他一无所知或毫无信心的大量企业中就可以控制风险完全是错误的……一个人的知识和经验绝对是有限的，因此不论在何时，我完全感到有信心的企业都很少超过二三家。"[128]

巴菲特对此很认同，并解释说："凯恩斯实质上这样认为，不要设法去断定市场正在做什么。考虑你自己了解的行业并集中力量。多样化经营是保护无知，但如果你不认为自己无知，多样化的需要就大大减少了。"[129]

巴菲特主张，将所有鸡蛋放在同一个篮子里，然后好好地守住它（这样自然更加安全），因为“如果光线能够集中于一点，即便是在黑暗中前行，成功之路也会更加清晰”。他喜欢把适当数量的金钱分置于少数几件事情之中，认为“大宗投资总是要比小宗投资做得更好。在做一项大宗投资之前，你要有很多东西要达到或超过：检查关、批评关、知识关等等，而在做小的投资决策时，你可能要大意粗心得多。”[130]巴菲特喜欢投资那些能在25或30年内保持大公司地位的公司，这些公司须有持续的盈利能力。

集中投资可以让投资者更加专业和专注。在生产中，业务集中的厂商在效益上常常要超过多样化厂商。宝洁、保时捷（PSEPF）、苹果都是专注某一领域的著名公司。相反，当安然公司（Enron Corporation，ENE）只是一家综合性天然气和电力公司的时候，情况相当不错，但在发展成一家综合性金融集团之后，形势却每况愈下，最终走向倒闭。投资也是如此。盲目、消极的分散投资往往只表明专业化不够，并不能有效降低风险。

集中投资也有利于掌握充分信息。一个人能力有限，不可能无所不知，精力也有限，不可能天天追赶事物变化的脚步，最终结果常常是泛泛为之，不够专业。对投资者来说，关注股票太多，就可能出现信息超载，而集中投资可以避免这种情形。

因此，分散投资应是有限度的。投资者在投资过程中，应在集中投资基础上适度分散，而不是在分散投资基础上适度集中。彼得·林奇在《击败华尔街》中告诫说，投资股票就像生小孩一样，如果没有能力抚养，就别生太多；巴菲特则强调说，世界上很多巨额财富，都来自对一家单一的奇妙行业的拥有。如果投资者了解这一行业，涉足的其他行业就不必太多。巴菲特对投资者的忠告是，最好将注意力集中在几家公司上。在他看来，

"如果你是一名学识渊博的投资者，能够了解公司的经济状况，并能够发现五到十家具有重要长期竞争优势的价格合理的公司，那么传统的分散投资对你来说就毫无意义。"[131]

在实践中，巴菲特的伯克希尔公司（Berkshire Hathaway）即使在实施了多样化投资策略之后，也仍相信集中投资的优势。该公司持有约35家公司股票，而同样规模的投资公司约持有135家公司股票。巴菲特对许多机构投资者动辄买进一两百种股票的做法颇不以为然，因为在数目过多的情况下，经理人根本无法深入每家公司的营运状况，结果反受其害。在他看来，"专注于投资组合的策略如果能够（因为它本该如此）帮助提高投资者考虑公司经营状况的思维强度，以及投资者在建仓前对公司经营特性的感受程度，那么它很可能会降低投资风险。"[132]伯克希尔公司的投资策略就是"选择几种可能长期获得高于市场利润的股票，集中投资，并努力经受住任何短期市场波动的冲击。"[133]基于此，巴菲特能将大部分精力用在分析企业经济状况并评估其管理状况而不是跟踪股价上。

无论如何，组合投资仍是大行其道的投资方式。指数投资更是其中极致。巴菲特建议说，作为一个对企业状况并不了解的投资者，如果想要成为美国工业的长期股东，通过定期地投资指数基金，其表现可以好过专业投资者。研究表明，一支平衡式市场指数基金，也即其组合完全市场化，股票、债券比例与整个市场股票与债券构成一致的市场指数基金，在1947—1997年的美国，可以获得股票与债券市场综合收益的98%[134]。

九、时机

雷行迅，君子隐忍以待时，果决以行断。

——西周·《周易》

投资时机是个重要话题，它涉及投资的准则、纪律与耐心。

投资准则是投资时机出现的前提。如果没有准则，那么在任何时候，投资都是可行的。但实际上，投资旨在盈利，投资者应对股票价格走势前景进行判断，如果价格一直上涨，当然任何时候都是投资机会，但这种情形并不多见。对此，技术分析派常见的准则是，以黄金交叉、双重底或者三重底的出现作为买入时机，而将死亡交叉、双重顶或者三重顶作为卖出时机。但市场多变，往往让投资者费尽折腾，而收益却可能受损。

在价值投资者那里，投资买入的准则往往在于投资价值与安全边际。费雪认为，买到正确的股票，并抱牢很长时间，总会带来一些利润。但要获得最高利润，则应考虑进出时机问题。理想的投资对象往往处于技术前沿，投资者在关注新工艺开发以选择投资时机时，尤其要关注全面商业化的工厂何时投产。此外，当一家杰出公司经营出现暂时性问题，比如在推出新技术或者工厂呈现临时性问题时，往往可能是买入好时机，因为股价临时下跌后会迅速反弹。买入时机的关键在于获得更高的安全边际。

巴菲特常在华尔街仇视或漠视的时候进行投资，也是为了获得更高的安全边际。许多投资者买涨杀跌，巴菲特则静观市场变化，直到价格合适才下手。他认为，“股价低迷最常见的原因是悲观主义——有时弥漫整个股市，有时影响特定公司或行业。我们需要在这样的环境中投资，并非因为我们喜欢悲观主义，而是因为喜欢由此导致的低价。乐观主义是理性投资者的敌人。但无论如何，这并不意味着只因一个企业或一种股票不受欢迎，就购买它是明智的。逆向行动法与从众战略一样愚蠢。我们所需要的是思考而非打赌。”[135]20 世纪 80 年代，巴菲特购买通用食品公司和可口可乐公司股票，让华尔街嗤之以鼻。但当菲利普·莫里斯公司 1985 年收购通用食品公司时，巴菲特所持有的通用食品公司股票已增值三倍。他购买的可口可乐公司股票，也上涨了几倍。

当然买入时机并不限于此，还包括股票价格尚未反映公司成长性、催化因素出现等等。比如，工厂扩张需要增加投资 15%，但产出可以增加 40%的时候，如果股票价格下跌，就是买入时机。投资家吉姆·罗杰斯，则很看重催化因素，若他没有出手，可能就是在等待催化因素出现。

对卖出股票，投资者需谨记华尔街的谚语：“截断亏损，让利润奔跑（Cut Losses and Let Profits Run）。”投资者真正要紧的是，不要轻易放手未来价值将提高的股票。“如果当初买进普通股时，事情做得很正确，则卖出时机是——几乎永远不会到来”[136]。投资者应该努力准确评估整个形势，然后在十分有把握的情况下才有所行动。

在金融界不断提出卖出建议，或忧虑空头市场来临的情况下，投资者尤其需要有主见来继续持有好股票。所谓“某只出色股票的价格已经上涨太多，应该卖出”的说法并无道理。高市赢率并非理由，因为首先，真正出色的股票，其市赢率理应比获利能力稳定但未见提升的股票高；其次投资者只能大致描述而无法准确指出一家公司未来两年的每股收益是多少，因此也就无法判断一家优秀公司的股价是否太高；第三，出售高价股票，必须支付更高的交易税费。

与买入时机相对应，费雪认为，旨在获取最大利益的投资者，只在三种情况下才会卖出精心选择的股票：一是最初买入行为错误，且日益明显，公司实际状况远不如预期。在此情况下，投资者卖出股票，需要自制和坦诚，承认错误，并从错误中吸取教训，避免重犯错误。二是随着时间流逝，公司变得不如当初优秀。比如，另一家同业公司更有前途，或公司前景相对于最出色的同业竞争者，令人忧虑。为此，投资者必须时刻提高警觉，在持有一家公司股票的时候，时刻关注相关行业和公司动向。如果公司管理层退步，或者市场前景不如以前，成长性下降，投资者就应考虑卖出。三是投资者发现了新的更具成长性的公司股票，与之相比，已持有股票望尘莫及。这样，投资者卖出现有股票，买入更具前景的股票，当然可以获取更高的投资收益。

有了投资原则，就需要遵守纪律，耐心等待投资机会出现！巴菲特在投资中，实行“守株待兔”策略。他曾说，作为一个独立投资者的巨大优势在于，他可以站在本垒长久等候一个好球，直到球真的打过来。股票市场的投资者是唯一适合这个道理的人。你不仅能够等待廉价股票出现，更特殊的是你理解并懂得如何去买到廉价股票。一致看好的股票会让投资者付出过高价格，而当一些杰出公司被一些会引起股票错误估价事件所包围的时候，投资的大好时机就展现在投资者面前。对投资入迷，有激情但不贪婪；有耐心；会独立思考；稳重自信；承认对某些东西不懂；灵活应变，但永远不会以比企业价值高的价格投资，是成功投资者的特质。

既然“守株待兔”，当然需要耐心。对投资家来说，速成计划不可行。若指望一夜致富，就是投机者，而不是投资家。在股票市场风潮突起的时候，损失惨重的是那些投机家，因为投资家在低价买进股票，然后在价格缓缓上升时持有股票，冷静观察股票升降。

第十二章
结　语

天行健，君子以自强不息。

——西周·《周易·乾卦》

这是一个最好的时代。这是一个最坏的时代。

当本书临近尾声的时候，我又想起了狄更斯《双城记》的这句开场白。

按照著名经济史家安格斯·麦迪逊（Angus Maddison，1926—）的研究，中国在公元 960 年之后的近千年时间里，长期位居世界第一位，直到鸦片战争开始。1840—1950 年，中国一直被内乱和结盟的外国势力对其领土和主权的入侵所困扰，给经济带来了灾难性后果，中国 GDP 占全球的比重从 1/3 降至 1/20。在日本人均收入提高 3 倍，欧洲提高 3 倍，美国提高 8 倍的同时，中国人均收入却出现下降现象。麦迪逊关于中国长期占据全球第一的这些观点受到了美国“加州学派”的支持。如果这种观点成立，我们很难想象，假如英国没有凭借鸦片打开中国国门，世界会是什么样子？如果中国不是因为鸦片战争以来的一系列战争、不平等条约、贫穷与屈辱而使得自信心备受打击，工业化的进程是否还会如此快速地遍布全球，以致现在的发达国家每每因为温室气体大量排放，导致全球气候变暖而忧心忡忡呢？

经过 100 多年披荆斩棘、前仆后继的艰苦努力，中国在 1949 年屹立于世界的东方。但中国真正的民族复兴始于1978年改革开放。中国快速发展的进程屡屡被一些学者冠以“中国奇迹”。许多学者乐观其成，预计中国经济规模会在2025—2030超过美国，真正实现民族复兴，重返世界第一的位置。

1993年诺贝尔经济学奖得主、芝加哥大学经济学教授罗伯特·W.福格尔（Robert W. Fogel，1926—）给出了更加乐观的估计：2040年，中国经济总量达到123万亿美元，几乎是全球经济总产出的3倍。中国人均收入将达到85000美元。中国占全球的份额将达到40%，与此同时，美国和欧盟的份额将降至14%和5%。他认为，中国之所以能够如此成功，是因为中国在教育上的巨大投入、农村生产力增长、中国统计部门可能低估经济增长以及中国政治制度并非想象的独断专行[137]。

所谓距离产生美。身在中国的人们在体会中国经济增长的同时，也面临着一系列问题。

真理是什么？不在左，不在右，而在中间某处。居功自傲、沾沾自喜无济于事，弓杯蛇影、长吁短叹也大可不必。直面现实，居安思危才是人间正道。

只要人口增长下降，人口红利终有消失的一天；只要需求不断增长，而资源有限供给，资源红利终有消失的一天。因此，人口红利和资源红利的消失都无须过分担忧。症结在于，在新的约束条件下，在新的生产函数中，中国经济和中国社会如何能够找到新的红利源泉。这个源泉一定在于科技创新，在于知识投入。但这个源泉的获得，取决于完善的体制机制。正如改革开放之于经济社会发展的巨大力量，正如硅谷之于诸多科技创新的巨大贡献，市场机制才能提供最好的解决之道。新的红利源泉最终来自于结构性改革，来自于市场机制的进一步完善，来自于社会公平机制的形成。

改革是中国最大的红利。在一个纷乱的世界里，居安思危，锐意改革，中国才有更加美好的明天！

最后，应该对投资做个总结。以行业前景、股本并不太大、业绩较好和业务独特为标准，笔者最为看好以下股票：

受益于中国大市场的焦点科技（002152）、润和软件（300339）；受益于城市化的积成电子（002339）、步步高（002251）；受益于服务化的迪安诊断（300224）、泰格医药（300347）、顺网科技（300113）、数字政通（300015）；受益于亚滞胀的兴发集团（600141）、赣锋锂业（000792）；受益于智能化的大华股份（002236）、电科院（300215）、海格通信（002465）；受益于科技革命的长春高新（000661）、沃森生物（300142）、舒泰神（300204）、杰瑞股份（002353）、富瑞特装（300228）；受益于老龄化的机器人（300024）、蓝英装备（300293）、信立泰（002294）、天士力（600535）、凯利泰（300326）、和佳股份（300273）；受益于建设美丽中国的碧水源（300070）、维尔利（300190）、雪迪龙（002658）；受益于气候变暖的蒙草抗旱（300355）、建研集团（002398）。

这些股票构成了“投资中国大势”的股票池，将共同分享中国发展的投资收益。

我们充满期待！

表 11-1 “投资中国大势”股票池

股票名称	股票代码	流通股/总股本（亿股）	每股收益（元）	每股资本公积金（元）	加权净资产收益率（%）	行业
焦点科技	002315	0.59/1.18	1.07	10.28	7.63	互联网和相关服务
外运发展	600270	3.31/9.05	0.63	0.76	11.26	航空运输
积成电子	002339	1.09/1.89	0.60	2.64	11.52	电气机械和器材制造业
步步高	002251	2.70/2.70	1.27	2.87	18.66	零售业
泰格医药	300347	0.13/0.53	1.52	9.24	20.20	研究和试验发展
顺网科技	300113	0.56/1.32	0.70	3.86	11.95	互联网和相关服务
数字政通	300075	0.32/0.84	0.86	8.27	7.76	软件和信息技术服务
兴发集团	600141	3.60/4.35	0.69※	1.74※	12.50※	化学原料及化学制品制造业
赣锋锂业	002460	0.79/1.53	0.46	3.07	9.26	有色金属冶炼及压延加工业
大华股份	002236	3.05/5.58	1.25	0.25	38.51	电子设备制造
电科院	300215	1.00/1.80	0.79	4.36	12.56	专业技术服务业
海格通信	002465	0.85/3.33	0.79	9.79	6.14	计算机及相关设备制造业
长春高新	000661	1.31/1.31	1.23※	1.95	20.45※	医药制造业
沃森生物	300142	0.62/1.82	1.35	11.90	8.76	医药制造业
舒泰神	300204	0.35/1.33	1.20	5.96	13.77	生物制品业
杰瑞股份	002353	2.40/4.59	1.40	2.87	22.55	专用设备制造业
富瑞特装	300228	0.69/1.34	0.85	2.40	16.65	专用设备制造业
机器人	300024	2.98/2.98	0.70	1.64※	16.14	通用设备制造业
蓝英装备	300293	0.22/0.90	0.98	3.77	17.22	专用设备制造业
信立泰	002294	1.91/4.36	1.46	1.82	27.13	医药制造业
天士力	600535	5.16/5.16	1.21※	3.00	16.48※	医药制造业
凯利泰	300326	0.13/0.51	1.24	6.15	20.04	医疗器械制造业
和佳股份	300273	0.93/2.00	0.64	2.61	14.39	医疗器械制造业
碧水源	300070	2.52/5.50	1.02	3. 86	15.95	专业、科研服务业
维尔利	300190	0.39/0.98	0.69	7.40※	7.40	生态保护和环境治理业
东江环保	002672	0.25/1.50	1.88	6.49※	15.40	生态保护和环境治理业
蒙草抗旱	300355	0.34/1.37	1.13	3.06※	26.59	土木工程建筑业
建研集团	002398	0.51/2.03	0.95	3.54※	14.51	专业技术服务业
海陆重工	002255	1.96/2.58	0.56	2.32	10.92	通用设备制造业

备注：见本书第二章章末表 2-1。

资料来源：作者自行整理。

后 记

当本书终于收尾的时候，我的全副身心终于如石头落地，一阵轻松。为了写书，我曾经牺牲了许多个节假日，甚至于整个春节假期。

虽然本书的写作只花费了大约半年时间，许多思想却来自于十年之前。十年，有多少市场涨落、人事变迁和人世冷暖！

这是一项立足宏观、具体而微的工作，因此挂一漏万在所难免。为了有理有据，也为了体现对于作者的尊重，引文注释自然是必要的。但如果字字要有出处，那么参考文献会很冗长，近乎一部考据学的文本。很多数字来自于国家统计局、中国电监会、中国海关等官方网站发布的信息，许多并不注明，以免冗长之感。

独立判断是投资者最重要的素质之一。基于对公司基本面的分析和市场表现的观察，以及沙里淘金的精挑细选，笔者对重点关注股票尤其“股票池”的整体表现充满信心。虽然如此，笔者仍然希望读者能够抱着兼听则明、与时俱进的态度，对发展大势和行业前景的分析多加注意，避免教条主义，避免刻舟求剑，避免画地为牢，以免影响独立判断。

最后，衷心感谢家人和其他所有给予帮助的人们。没有他们的帮助，笔者还要在黑暗中摸索很长时间，还不知道什么时候可以见到光明。

谢谢！

黄钟苏

2013 年 5 月 20 日

注释

1 威廉·彼得·汉密尔顿，《股市晴雨表》，吴全昊译，海南出版社 1999 年版。

2 M.P.尼米诺、P.A.克莱因：《金融与经济周期预测》，邱东等译，中国统计出版社，1998 年 2 月版，第 493 页。

3 威廉·彼待·汉密尔顿，《股市晴雨表》，吴全昊译，海南出版社 1999 年版，第 4 章。

4［美］约翰·墨菲，《金融市场技术分析》，丁圣元译，地震出版社，第 1 页。

5 去年中国非金融类对外直接投资 772.2 亿美元，新华网 2013 年 1 月 16 日。

6 吉姆·奥尼尔，《新兴世界的崛起》，《第一财经日报》2012 年 12 月 28 日。

7 管清友，《世界经济走出衰退尚需时日》，《经济参考报》2012 年 12 月 19 日。

8 梁季，《国民收入分配格局的国际比较与分析》，《地方财政研究》2012 年 8 期。

9 《收入分配改革箭在弦上 重中之重是调整初次分配格局》，《证券日报》2012 年 12 月 14 日。

10 陈志武，《现代技术催生民主法治》，财经网 2013 年 01 月 29 日。

11 国家发展改革委、国家统计局、中国物流与采购联合会，2007—2011 年《全国物流运行情况通报》。

12 世界 500 强公司中已有 490 家在中国投资，新华社 2012 年 6 月 23 日。

13 梁达，消费将持续成为经济增长的第一引擎，《上海证券报》2013 年 2 月 21 日。

14 网购新业态激发支付产业新一轮增长预期，2012 年 3 月 16 日 http://tech.sina.com.cn/i/2012-03-16/10296844111.shtml。

15 ［美］L. S. 斯塔夫里阿诺斯，《全球通史》，吴象婴、梁赤民译，上海社会科学院出版社，1999 年 5 月版，上册第 105 页。

16 陈钦庄等，《世界文明史简编》，浙江大学出版社 2004 年 7 月版，第 3 页。

17 信息化与城市化：让生活更美好，《中国电子报》2010 年 5 月 26 日。

18 周其仁，经济密度甚于人口密度，经济观察报 2012 年 3 月 16 日。

19 窦金波，当代世界城市化的特点及发展趋势，经济研究导刊 2010 年 5 月 31 日。

20 巴曙松，未来十年的城市化前景，《支点》2013 年 1 月 15 日。

21 国家统计局综合司，“十一五”经济社会发展成就系列报告之十：城市社会经济发展日新月异，国家统计局网站。

22 以上数据引自欧阳冬日，中国为推动世界贸易发展作出了巨大贡献——专访世界贸易组织总干事帕斯卡尔·拉米，《经济日报》2011 年 12 月 7 日。

23 国家统计局，庆祝新中国成立 60 周年系列报告之九：对外贸易飞速发展，国家统计局网站。

24 引自商务部，2012 年商务工作年终述评之四：外贸转型升级取得积极成效。

25 张智革、吴薇，中国对外贸易依存度的动态分析，《国际贸易》2011 年 10 期。

26 王优玲，海关总署：中国进出口外贸依存度回落至 50.1%，2012 年 2 月 15 日。

27 苗圩：中国重返全球制造业第一大国，《人民日报》2012 年 9 月 18 日。

28 国家统计局综合司，从十六大到十八大经济社会发展成就系列报告之八，国家统计局网站。

29 国家统计局综合司，从十六大到十八大经济社会发展成就系列报告之一，国家统计局网站。

30 张茉楠，经济前堵后追转型靠什么，财经网 2013 年 1 月 22 日。

31 安筱鹏，服务型制造：制造业崛起的必由之路，《中国电子报》2009 年 8 月 4 日。

32 安筱鹏，服务型制造：制造业崛起的必由之路，《中国电子报》2009 年 8 月 4 日。

33 “中国应实施生产性服务业优先发展战略”，21 世纪经济报道 2012 年 10 月 18 日。

34 人均 GDP 不同阶段的经济发展特征，http://www.hjcn.com.cn/2012/

201103_0330/129.html。

35 “十二五”节能环保服务产值将达8000亿，《南方日报》2012年7月5日。

36 滞涨，《新帕尔格雷夫经济学大辞典》（第四卷），经济科学出版社1992年6月版，第507页。

37 经济滞胀：美国70年代 股票市场，http://blog.sina.com.cn/s/blog_7f254f540100y6br.html。

38 孙红娟，全球货币战争悬疑：日美挑头欧洲参战新兴市场反击，《第一财经日报》2013年1月28日。

39 张洪洲，中国将进入高通胀高增长时期，http://www.cottonchina.org/cotblog/news_show.php？id=184&newsid=3784。

40 叶檀，中国工资向日本看齐，《每日经济新闻》2013年2月04日。

41 张茉楠，排除万难向全球竞争价值链上游攀升，《上海证券报》2013年2月28日。

42 中国货币超发严重 去年新增货币占全球近一半，环球网2013年1月29日。

43 价格上涨主要受粮价和饲养周期影响，《中国证券报》2007年6月20日。

44 2013年中国经济的十大隐忧，《大公报》2013年1月24日。

45 Merrill Lynch:“The Investment Clock” 2004.Nov.10

46 全球央行地位或遭颠覆 虚拟货币挑战法定货币，和讯网2013年2月27日。

47 上述2010年的数据引自国家统计局，“十一五”期间邮电通信业取得显著成就，国家统计局网站。

48 GPS 垄断中国 95%导航产业 北斗欲争食 5000 亿市场，《中国经济周刊》2013 年 1 月 8 日。

49 2012 中国物联网市场规模达 3650 亿 同比增长 38.6%，《经济参考报》2013 年 1 月 8 日。

50 物联网市场 2017 年有望超万亿，《经济导报》2013 年 2 月 18 日。

51 白春礼，新科技革命的拂晓，《中国科学报·思想周刊》2012 年 1 月 1 日。

52 何传启，第六次科技革命来了吗？《光明日报》2012 年 2 月 6 日。

53 中国发明专利申请量首超美国 居世界首位，中国新闻网 2012 年 11 月 29 日。

54 2012 年中国发表的热点论文数量排世界第四位，中国新闻网 2012 年 12 月 10 日。

55 商务部，十六大以来商务成就综述之十一：外贸发展方式加快转变，商务部网站。

56 梁图强，美国页岩气产量增长 各国需绘制市场版图字号，中国经济网 2012 年 8 月 20 日。

57 国土部：中国页岩气资源潜力达 134 万亿立方米，中国新闻网 2012 年 3 月 1 日。

58 金微，部分种子外资占比过半 农业部规划三大基地掌握控制权，《每日经济新闻》2013 年 1 月 29 日。

59 方家喜，十二五新材料产业主攻五方向 支持企业上市融资，《经济参考报》2011 年 5 月 19 日。

60 辜胜阻，廉价劳动力竞争优势正逐步消失，辜胜阻博客。

61 蔡昉，如何应对“未富先老”的挑战，《文汇报》2011 年 3 月 1 日。

62 瑞银有关亚洲老龄化对投资影响评述，世华财讯 2008 年 6 月 10 日。

63 机器人武装“中国制造”富士康研发机器人投产，《半月谈网络版》2012 年 9 月 12 日。

64 王晓涛，工业机器人不能再以市场换技术，《中国经济导报》2012 年 11 月 15 日。

65 建设美丽中国的“动员令”，中国新闻网 2012 年 11 月 10 日。

66 十八大勾画美丽中国:十二五撬动 8 万亿绿色投资，《经济参考报》2012 年 11 月 13 日。

67 院士：30 多年经济发展败家子作风 2017 年现拐点，BWCHIENSE 中文网 2013 年 1 月 22 日。

68 PM2.5 原指空气中直径小于或等于 2.5 微米的颗粒物，由固体和水汽组成。这个尺寸的颗粒物能被吸入人类肺部深处的支气管和肺泡，若颗粒上附有病毒、有毒气体、重金属等毒物，易引发肺部和心脏疾病，甚至危害神经系统。自从美国驻华大使馆从 2011 年开始发布这项数据后，这个专业词汇逐渐进入中国人的日常用语。

69 京城抗霾之道，《南方都市报》2013 年 2 月 7 日。

70 报告称全国每分钟 6 人确诊癌症 肺癌发病率第一，《京华时报》2013 年 1 月 10 日。

71 内地 64%城市地下水严重污染 基本清洁的仅 3%，《南方都市报》2013 年 2 月 17 日。

72 土壤污染势头难遏止 2020 年建成全国保护体系，第一财经日报 2013 年 1 月 29 日。

73 国家统计局，新中国 60 周年系列报告之十七：环境保护成就斐然，国家统计局网站。

74 国际汽车排放标准不断提高 国内尾气治理压力大，《北京日报》

2012 年 2 月 17 日。

75 德国的天空为什么这么蓝，《人民日报海外版》2013 年 2 月 6 日。

76 专家称汽车尾气已成中国城市大气污染首要来源，中国新闻网 2010 年 11 月 7 日。

77 全球森林资源评估报告发布，《法制日报》2010 年 4 月 23 日。

78 全民义务植树运动 30 年取得巨大成就，《中国绿色时报》2011 年 12 月 14 日。

79 国家统计局，《国际统计年鉴 2011》，http://www.stats.gov.cn/tjsj/qtsj/gjsj/2011/t20120711_402817240.htm。

80 植树造林：生态工程而非政绩工程，《中国青年报》2011 年 5 月 18 日。

81 第四次全国荒漠化和沙化监测结果公布，《中国林业》杂志 2011 年第 1B 期。

82 中国荒漠化土地面积占国土面积 1/3 4 亿人受威胁，中国新闻网 2008 年 1 月 24 日。

83 违背自然规律的造林得不偿失，《工人日报》2008 年 4 月 3 日。

84 “全球气候在变化，但并非一直变暖”，《科学新闻杂志》2008 年 8 月第 1 期。

85 全球变暖并非仅是气温升高，中国天气网 2012 年 10 月 18 日。

86 人为温室气体浓度增加为全球气候变暖主因，《人民日报》2012 年 3 月 16 日。

87 气候变暖森林破坏 加速东北冻土退化，《科学时报》2010 年 1 月 19 日。

88 全球变暖可能将热带雨林变草原，《人民日报》2007 年 1 月 4 日。

89 全球气候变化导致中国极端气候事件明显增多，国际能源网 2011 年

4月22日。

90 全球变暖并非仅是气温升高 短期数据意义不大，《科技日报》2012年10月18日。

91 研究称南极海冰面积不断增加：达1944万平方公里，《沈阳晚报》2012年10月22日。

92 高原，NAS：过去百年全球海平面每年上升2毫米，新华网2011年6月23日。

93 全球变暖对动植物的影响及验证，世界科学2007年第12期。

94 全球变暖：对农业影响重大，农博科技2007年11月12日。

95 2011年全球可再生能源发电量增长17.7%，中商情报网2012年6月29日。

96 2011年全球太阳能光伏发电取得历史性突破，《第一财经日报》2012年2月17日。

97 抑制全球变暖的新思路，《人民日报海外版》2012年1月20日。

98 波恩·伦伯格，应对全球变暖—超越碳减排，《中国未来30年》，吴敬琏、俞可平等著，中央编译出版社2012年5月版，第174–183页。

99 相比2008年，2015年交通能耗强度有望下降12%，《21世纪经济报道》2011年1月24日。

100 国家统计局综合司，马建堂就2012年国民经济运行情况答记者问，国家统计局网站2013年1月18日。

101 曹昌，高效电机迎来“大补”时代，《中国经济周刊》2011年4月11日。

102 ［美］珍妮特·洛尔，《巴菲特如是说》，第4页。

103 ［美］沃伦·巴菲特，《巴菲特：从100元到160亿》，第157页，有改动。

104 ［美］马丁·J·普林格，《技术分析精论》，寰宇证券投资顾问公司译，经济科学出版社 2000 年 5 月版，第 5 页。

105 孙建波;秦晓斌，流动性对股指的临界意义：M1M2 稳定滞后于股指，《中国证券报》2012 年 5 月 10 日。

106 黄钟苏，中国货币化与证券化：中美博弈视角的审视，《经济学消息报》2010 年 7 月 9 日。

107 2001 年 2245 点 2011 年 2315 点 中国股市到底哪里病了？《中国证券报》2011 年 12 月 13 日。

108 “十一五”期间中国股市总市值增长 7 倍，《证券时报》2012 年 9 月 20 日。

109 马尔科姆·S.科林伍德、马丁·J.卡特），《企业经济学：原理与案例》，阕澄宇译，东北财经大学出版社 1999 年 11 月中文版，第 187 页。

110 小艾尔弗雷德·D.钱德勒，《看得见的手》，商务印书馆 1987 年 9 月中文版，第 1 页。

111 小艾尔弗雷德·D.钱德勒，《看得见的手》，商务印书馆 1987 年 9 月中文版，第 273 页。

112 玛利亚·巴蒂罗姆、凯瑟琳·弗雷德曼，《股市传闻》，杨殊等译，中信出版社 2002 年 6 月中文版，第 79 页。文字上有细微改动。

113 伯顿·麦基尔，《漫步华尔街》，骆玉鼎等译，上海财经大学出版社 2002 年 6 月版，第 12 页。

114 威廉·彼待·汉密尔顿，《股市晴雨表》，吴全昊译，海南出版社 1999 年版。

115 龚维敬，西方经济学关于垄断理论的争议，《社会科学战线》2008 年 7 期。

116 大卫·J.科利斯，辛西娅·A.蒙哥马利，《公司战略：企业的资源与范围》，王永贵、杨永恒译，东北财经大学出版社 2000 年 3 月版，第 43 页。

117 黄钟苏，权重股“外部性”与政府救市，《经济参考报》2008 年 1 月 18 日。

118 伯顿·麦基尔，《漫步华尔街》)，骆玉鼎等译，上海财经大学出版社 2002 年 6 月版，第 10 页。

119 ［美］安迪.基尔派翠克，《永恒的价值》第 396 页。

120 约翰·C.鲍格尔，《共同基金常识——聪明投资者的新策略》，王晓峰译，百家出版社 2001 年 5 月版，第 13 页。

121 彼得·林奇，《彼得·林奇的成功投资》)，焦绪凤、王红夏译，机械工业出版社 2002 年 4 月中文版，“简介”第 1 页。

122 安德鲁·基尔帕特里克，《永恒的价值——投资天才沃伦·巴菲特传》)，张建平、孙康奇等译，上海远东出版社 1998 年 12 月版，第 298 页。

123 ［美］沃伦·巴菲特，《巴菲特：从 100 元到 160 亿（公司治理要义)》，第 101 页。

124 ［美］安迪.基尔派翠克，《永恒的价值》，第 393 页。

125 ［美］珍妮特·洛尔，《巴菲特如是说》，第 132 页。

126 ［美］沃伦·巴菲特，《巴菲特：从 100 元到 160 亿》，第 98 页。

127 ［美］沃伦·巴菲特，《巴菲特：从 100 元到 160 亿》，第 93 页。

128 罗伯特·海勒，《沃伦·巴菲特》，田雅琴译，中国社会科学出版社 2002 年 1 月版，第 14 页。

129 ［美］约翰·博格，《共同基金常识》，第 81 页。

130 ［美］安迪.基尔派翠克，《永恒的价值》，第 398 页。

131 菲利普·A·费舍，《怎样选择成长股》，罗耀宗译，海南出版社、三环出版社，1999 年 10 月，第 97 页。

132 罗伯特·W.福格尔，《中国未来30年》，第126–135页。

133 罗伯特·海勒，《沃伦·巴菲特》，田雅琴译，中国社会科学出版社2002年1月版，第14页。

134 《共同基金常识》，第81页。

135 《永恒的价值》，第398页。

136 菲利普·A·费舍，《怎样选择成长股》，罗耀宗译，海南出版社、三环出版社1999年10月，第97页。